運をよくする
いにしえの
魔法

整え

情報空間デザイン・コンサルタント
エドワード淺井

サンマーク出版

天変地異や戦争、新たな感染症、
世界的な経済破綻、気候変動……。
いま、世界的な動乱が続いています。
気が滅《め》入《い》り、不安に陥る人も多いことでしょう。

このような時期は、「蟲《むし》」が増えます。
平安時代の陰陽師《おんみょうじ》・安倍晴明は、
自分の世界を汚す人を
「蟲」と呼び排除しました。

他者を傷つけ、喜ぶ輩《やから》は、
あなたのように、きちんと生きようと
する人を〝刺し〟に来ます。

ですが、どんな動乱が起ころうとも、
どんな「蟲」が湧いてこようとも、大丈夫。
あなたの周りの目には見えない空間――
「情報空間」を整えましょう。

情報空間が整えば、
物理空間(現実世界)は整う
という法則があります。

さあ、整えましょう。

奇跡は、驚くほどあっさり起こる
――石田久二氏による推薦のメッセージ

この本の著者、エドワードさんと出会って以降、僕の人生は爆上がり中だ。

もちろんこれまでも運はよかったし、日々行動も重ねてきた。1年に100日以上おこなっている滝行のおかげもあるだろう。

しかし億単位の年商を上げ、海外でビジネスを展開すべく世界中を飛び回るいまがあるのは、**「謎の国際金融資本家E氏」**としてYouTubeで大きな話題となったエドワードさんとのコラボがきっかけだったのは間違いない。また、エドワードさんにかけてもらった「整え」の技が功を奏しているのはたしかだ。

コラボを開始してからの変化のスピードには、すごいものがある。

数百人規模のセミナーやコンサートは、つねに満席。そして、新会社の設立、ジャズCDのプロデュース、新規ビジネスへの投資……。

以前はひんぱんに行っていた海外旅行も本格的に再開し、ロレックスの金時計もべンツもノリで手に入れた。

すべて、エドワードさんとの動画を公開してからの約1年半の間に起きたことだ。


人生が大きく変わったのは、僕だけではない。

エドワードさんは、信じられない「奇跡」をいくつも起こしている。

ある講演会では、**杖《つえ》をついて会場に来られた方が、なんと杖なしでしっかり歩いて帰られた。**その講演会では、エドワードさんが参加者全員を対象に「整え」の技をかけたのだ。こういった例は複数ある。

他にも、長年の体調不良が改善した方、人間関係のトラブルが解決した方、夢の実現に向けて大きく前進した方、お金のステージが上がった方など多くの反響が届いた。

そういえば僕自身、エドワードさんに「とりあえず年収1億円の技」をかけてもらったところ、その翌月にはいきなり月収1000万円の大台を突破。1年たってみると1億4000万円になっていた。**いつも、驚くほどあっさりと「奇跡」は起きた。**

なぜ、こんな奇跡が起きるのか。

そのしくみはこの本でも紹介されているが、僕なりの見解はこうだ。

多くの人は、意志の力で自身の「思考」や「行動」「環境」を変えて、夢や望みをかなえようとする。もちろん、そういったアプローチも悪くはないが、時間がかかるし向き不向きもある。

しかし、エドワードさんが働きかけるのは「情報空間」。僕たちを取り巻く見えない次元であり、自分自身のアイデンティティに大きな影響を与える領域だ。

最初から情報空間にアプローチすれば、自分の信念やあり方が変わる。

当然、行動や環境も変わり、自分にとって最高・最適な形に向けて現実が一気に整っていくのだ。

この本には、エドワードさんがふだん伝えている「整え」の方法がぎっしり詰まっている。**本は「情報そのもの」だ。だから、エドワードさん自身がもつ情報空間のエネルギーがそのまま封入されているといっていい。**

本を手に取った人にその情報は転写され、多大な影響を与えていくだろう。

ちなみに、エドワードさんと僕は、偶然にも中学・高校の同窓生だ。

これまた偶然だが、エドワードさんが書店で拙著『夢がかなうとき、「なに」が起こっているのか？』（サンマーク出版刊）を見つけ、僕のセミナーに参加してくれたことから、いまのご縁が始まった。

数年先輩の彼は、秀才として知られていた。ある模試では、偏差値86を叩《たた》き出したというから驚きだ。

しかし彼はまったく偉ぶらない。上品な物腰、圧倒的な情報量、優しい人柄でどこでも大人気だ。そんなエドワードさんの魅力も、この本で感じていただけるとうれしい。エドワードさんの優しさは、確実に、あなたの世界を優しくするだろうから。

エドワードさんは、社会貢献財団の設立という大きな志をもっている。

その理由も本文であきらかにされているが、とにかく「世のため人のため」につくしたい人なのだ。

その志への大きな一歩が、この本からスタートするだろう。

これから、あなたの人生を整え、素晴らしいものへと激変させていくことで。

作家／YouTuber　石田久二

Prologue

動乱の世こそ、整えましょう

世界的な動乱を生き抜くために

この本を手に取っていただき、ありがとうございます。

さあ、「整え」を始めましょう。

「整え」とは、私たちを取り巻く、目には見えない空間である「情報空間」をクリアにしていくことです。そこには、私たちの現実に影響を与える情報が詰まっています。

その情報空間を整えれば、私たちは必然的に守られます。

望む現実が、すみやかに作られていきます。

なぜなら、私たちが生きる物理空間は、情報空間に従うという法則があるからです。

いま、世界的な動乱が続いています。

天変地異や戦争、新たな感染症、世界的な経済破綻、気候変動……。

これからいったい何が起こるのか。さまざまな予言や風評が飛び交い、不安にかられている人も多いことでしょう。

しかし、心配する必要はありません。どんな時代が訪れようと、心身のコンディション、家や部屋などの空間、お金や日頃の行動など、自分自身や周囲の環境を整えることで、ゆうゆうと生き抜いていけます。


「一生懸命努力しているのに、結果が出ない」

「最近、なぜかトラブルばかり起きている」

「どことなく気分がスッキリせず、やる気が湧かない」

そんな悩みも、「整え」で解決します。

自分自身の内側や周囲にある〝不要なもの〟を取り去り、エネルギーを調整すれば、私たちは本来の力を発揮することができます。

そして、いまいる環境が最高・最善のものに変わっていくのです。

すると無敵の状態になり、まるで奇跡が連発しているような状態が訪れます。

その方法が、本書でお伝えする情報空間クリアリング「整え」なのです。

✦日本古来の陰陽道や空海の秘術を融合した「整え」

申し遅れました。私は、エドワード浅井《あざい》と申します。

ルーツは長崎県島原にある生粋の日本人ですが、「国際資産運用コンサルタントとして世界で活躍するために」と、モナコ在住のある大富豪が命名してくれたこの名前をビジネスネームとして使っています。

コロナ禍前は、誰もが知るような世界的なセレブに、イタリア、フランス、モナコの高級物件のご案内やヴィンテージワイン、クラシックカー、そしてストラディヴァリウス、ピカソ、ルネ・ラリックなどの芸術品、美術品のご紹介をしていました。

エドワードとは、「人様の富と幸せを守る人」という意味。

この言葉を実践すべく、いまは情報空間クリアリングの技術によるビジネスコンサルティング、個人セッションやセミナーを中心におこなっています。

情報空間クリアリングとは、真言密教の秘術や古神道、陰陽道《おんみょうどう》を融合した技術。

この本では「整え」と称します。真言密教を開いた空海や、陰陽師として朝廷に貢献した安倍晴明が駆使していた技は、まさにこの「整え」です。

空海や安倍晴明も、不思議な力をもった超人というイメージがあるかもしれません。しかしどちらも科学の人でした。空海は中国から最新の土木技術や薬学の知識を伝え、安倍晴明は天文学や暦学を修めました。

そのバックボーンがあったからこそ、彼らは特殊な技術を使って触れることのできない情報空間に働きかけ、超常的な現象を起こしたり望みをかなえたりすることができたのです。

ただし、この本でお伝えする「整え」の技術は、けっしてむずかしいものではありません。特別な技術や面倒な手順は用いず、自分自身でできるものばかりです。

この本で紹介する「整え」の技によって、まずは次のような変化が起きるでしょう。

・環境が整い、全体運が上がる
・金運や財運などがパッと上がる
・人生が華やかになる
・人間関係のトラブルが解決する
・異性からモテるようになる
・不都合なことも、飛躍の起点に転換できる
・小さなことに豊かさを感じられるようになる

・行動の結果が現れやすくなる
・周囲の人が、急に優しくなる
・より健康に美しくなる
・感情に振り回されなくなる
・強運になって生きやすくなる
・奇跡が起きる

「整え」の技を使うとは、情報空間に自分の意図を刻印するということ。
適切に刻印を打っていけば、人生の質がさらに高まり、毎日が楽しくなります。
それがさらなる変化を呼んで、想像もしなかった未来へとたどり着けるのです。

✦空海が先祖に託したメッセージ

なぜいま、ながらく朝廷や貴人のものとして伝えられてきた「整え」の技術を、本

という形でお伝えしようと考えたのか。

その理由は、私自身のルーツにあります。

私の先祖は、長崎県の島原の領主として一帯を治めていました。

くわしくはのちほどお伝えしますが、1200年前、全国を旅していた空海が島原を訪れた際に、その法力によって井戸がもたらされます。先祖は、当時貴重だった水源を村人のために開放しました。

そのとき、空海は次の言葉を先祖に授けています。

「動乱のときこそ、世のため人のためにつくせば、浅井家は未来永劫《えいごう》栄えつづける」

浅井家はその後、長崎市内に移りますが、空海の言葉は家訓として代々受け継がれました。私自身も折に触れてその言葉を聞きながら育ち、幼少期より「いつか世のため人のために」と勉学に励み、働き出してからも空海の教えを忘れることはありませんでした。

いまの活動につながる直接のきっかけとなったのは、東日本大震災です。

当時、仙台在住だった私は親しい友人を失い、また自分自身も被災して、被害の甚大さに大きな衝撃を受けました。

なかでも、心を痛めたのが震災孤児の存在です。

個人的に寄付などを続けましたが、もっと大きな規模で支援したいと考えていたとき、深い尊敬を寄せていたある人物が夢枕に立ったのです。

その方は、「いまこそ、世に出なさい」と私に告げました。あまりに唐突なメッセージでしたが夢と思えないほど鮮明でした。

また幼い頃から聞いて育った空海の教えもあり、それまでの仕事をやめて独立。まずは経済的に自立しようと、ファイナンシャルプランナーや保険仲介の仕事を開始したのです。

✦ 夢を後押ししてくれたモナコの大富豪、そしてQさんとの出会い

独立後は順調に過ごしていましたが、私には夢が芽生えていました。

それは、**日本という国につくすために、社会貢献財団とプライベートバンクを作ることです。**

その夢を実現させる道を模索するなかで、ひとつの出会いが訪れます。

ひょんなことから、**モナコでのチャリティコンサートに出演することになり、現地で先ほどお話しした大富豪のK氏と出会うのです。**

K氏とのご縁を得て、お金の本質や真の生き方について学べたことは、大きな飛躍の土台となりました。これもまた詳細については、のちほどお話ししましょう。

その後、「情報空間デザイン」の師であるHasumi氏との出会い、そして、冒頭の辞を書いてくださったQさんこと石田久二氏との出会いが、人生を大きく動かしていくことになります。

特に、2021年末から2022年に開催したQさんとのセミナーでは累計5000人の方の前で「整え」の技をかけさせていただけました。

さらに、QさんのYouTube内でコラボした動画の反響はすさまじく、「整え」の技が皆さんに激的な変化を起こしていく様子を拝見するのは、本当にうれしいものでした。

まさに、乱世と呼ぶにふさわしいこの時代。いままで培ってきた技をあなたの人生に役立てていただければ、これほどうれしいことはありません。

✦情報空間に奇跡を呼び込むには

ここまで読んで、「密教や古神道の技が自分に使えるのだろうか」と不安に思った方もいるかもしれません。でも、それは杞憂《きゆう》です。

この本では、日常のなかで手軽にできて、しかも現実に効果がしっかり現れるものを厳選してお伝えしています。

密教の行者のように手で印を結んだり、呪文を唱えたりする必要はありません。

それどころか、これからご紹介する「整え」の技は、拍子抜けするほど簡単なものばかりです。あらかじめお断りしておきますが、なかには「たったこれだけでいいの？」と感じるものもあるでしょう。しかし、あなどってはいけません。

シンプルだからこそ、情報空間にしっかり刻印を打つことができるということもあるのです。

ただし、技を確実に効かせて現実を変えるには、いくつかの原則を理解しておく必要があります。

技はあくまでも現実を加速させるためのブースター。

最初に、自分が達成したい夢や目標を定めることが大事です。

自分がどんな未来へ行きたいのか、どんな現実を創造したいのかを決めなければ、技によって加速したエネルギーはネズミ花火のように迷走してしまいます。

ですから、まずは、かなえたい願望や理想の自分の姿を明確にしましょう。

次に、未来の方向性を定めたら、そこまでたどり着くルートはこれしかないと決めつけず、楽しむことも重要です。

ゴールを設定して情報空間を整えると、子どもの前におもちゃを置いたような状態になり、自然に行動したくなります。そうやって進んでいくと思いがけない出来事が起こり、予想もしなかった体験につながることがあります。

私自身、先ほどお話ししたようにモナコに行くことになり、富豪のヴィラに滞在したりローマの宮殿に招かれたりするなど、それまでの行動パターンからは、想像がつかない現実へと移動しました。

しかし、自分の立てた計画にしばられていると、奇跡が現実に入り込む隙がなくなります。ですから、細かなルートはノープランで毎日を楽しむことが、願いをかなえる最速のあり方になるのです。


さあ、「整え」を始めましょう。

ひとつの変化が、さらなる変化を呼んできます。

そして、その変化は加速しながら未来へとつらなっていきます。

その流れに乗っていけば、「こうなりたい」と願う未来を超えた〝圧倒的な未来〟へとたどり着けるのです。

整え

CONTENTS

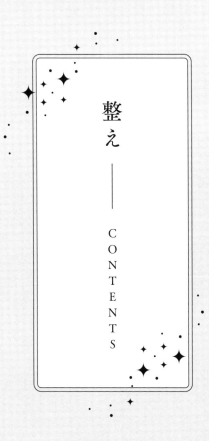

Prologue 動乱の世こそ、整えましょう

1 章 自分の整え

2章 お金の整え

3 章 時の整え

4 章 空間の整え

Epilogue これで、すべては整いました

ブックデザイン　喜來詩織（エントツ）
DTP　朝日メディアインターナショナル
編集協力　江藤ちふみ
株式会社ぷれす
企画協力　石田久二
編集　金子尚美（サンマーク出版）

1章 自分の整え

自分の情報が詰まった〝壁〟がある

私たちは誰もが、守られています。

あなたを守っているのは、**自分の情報が詰まった空間の〝壁〟**です。

もちろん目には見えません。しかし、私はこれまで9000人以上の方にセッションをおこなってきましたが、その壁がない方はひとりもいらっしゃいませんでした。

情報空間の壁はちょうど前後左右に両手を伸ばしたところにあり、体の周囲をぐるっと包んでいます。人と至近距離になるとなんとなく違和感を覚えますが、それは、自分の情報空間内に他人の存在が入ってきたからです。

私がおこなうセッションでは必ずこの壁にさわって、状態をチェックします。

そうすると、すぐその方の状態がわかります。壁の形や固さ、温度、手触りなど、人によってまったく違い、その方の状態を反映しているのです。

理想の状態は、背後の壁が本人の頭より少し高いこと。後ろと左右の壁が長方形で厚いこと。なめらかな手触りをしていて、ある程度固く、しかも弾力があることです。**金運や健康運のいい方の壁は、ベルベットのようになめらかで、厚みもしっかりしています。**特に、背後の壁が盤石な方は、安定した人生を送っていらっしゃいます。

逆に、壁にさわるとクッと崩れてボロボロになる場合もあります。そういった方は、たいてい体調を崩したり、お金に苦労されたりしています。また、背後の壁が腰の高さしかなかったり、斜交《はすか》いになっていたりするのは、人間関係やご病気で悩まれている方です。

念のためですが、この壁はオーラとは別物です。オーラはその人自身が周囲に対して発しているエネルギーで、人によって大きさが違います。

一方、情報空間の壁は、その人を守っているエネルギーであり、情報がギュッと詰まっています。

自分を整えるとは、この情報空間を整えていくということ。

自分を取り囲む〝壁〟が整うと人生が加速します。つまり、運が最速で上がっていきます。これから、その方法をお教えしていきましょう。

運がよくない人が、圧倒的に足りていないものとは？

人間の体の前面は、エネルギー的に見るなら「玄関」と同じ。外に向かって開いています。

そしてそこには、丸いエネルギーの珠《たま》が浮かんでいます。

もちろん、この珠も肉眼では見えません。しかし人生がうまくいっている方は必ず、この珠がいきいきと輝き、スムーズに回っています。真ん丸で傷ひとつなく、表面がツルツルした手触りであればあるほど理想の状態です。

この珠は「情報の玄関口」でもあるので、発信力が高い人は透明度が高く、知的好奇心が旺盛な人ほど大きいという特徴があります。

逆に、物事に対する興味や関心が衰えてくると珠は小さくなります。そして輝きが失われ、動きも鈍くなるのです。では、どうすれば珠をよい状態に保てるでしょう。

意外な方法で手軽によくなります。

その方法とは、「ウロウロする」ことです。この言葉は行儀が悪いイメージがあるので誤解を生みそうですが、要するに、「日常の行動」から出てみるといいのです。

たとえば、目的はなくてもいいので、電車に乗ってふだん行かない近場の駅で降りてみる。仕事や用事が終わって直帰せず、寄り道して帰る。入ったことのないお店に足を運んでみる……。そういった簡単なことでOKです。

「運がよくならないな」「人生がパッとしないな」と言う方がときどきいらっしゃいますが、**そういった方は、圧倒的に行動が足りていないのです。行動しなければ、情報空間は書き換わりません。当然、現実も変わりません。**

自分のいる場所を少し変えるだけでいいのです。毎日、同じルートを往復しているなら、曲がる角をひとつ変えただけで、あなたを取り巻く情報空間は書き換わります。

そうすると、必ず何らかの変化が起こせます。新しく行動したことで、いままでにない情報に触れて意識や知識量も変わるので、現実的な行動も変わっていくでしょう。

一見すると「こんなことで？」といいたくなるような手軽なことのなかにこそ、自分をよりよく整える働きがあるのです。

情報空間を瞬時に変える「気分転換」の極意

「気分」という言葉があります。

「気を分ける」と書きますが、「気分転換」は、それまでの気を切り離し、新たな気を呼び込むこと。それは、情報空間を整えることになります。

逆にいえば、**すばやく情報空間を整えるには、気分をよくすることが最優先。**

気分をよくする方法はいろいろありますね。たとえば、作業の手をいったん止めてお茶を飲む、おいしいものを食べる、ゆっくりお風呂に入るなど……。

なかでも効果てきめんなのが、いまいる場所から移動すること（場そのものを変えて情報空間を整える方法もありますが、それは4章でお話しします）。

気分は場所次第で、よくも悪くもなります。気分をよくして自分を整えたいと思ったら「気のいい場所」に行きましょう。

自分自身が心地いい、気持ちがスッキリする、リラックスできる、気分が上がるという場所が、自分自身が整う場所です。

私は定期的に近所の低山を訪れ、リフレッシュしています。

その他にも、神社や聖地など、気分転換によく訪れます。出張先や旅行先でもお気に入りの場所がいくつかあります。**たとえば、東京なら日本橋小網町にある小網神社、京都であれば八坂神社です。**

神社は神様が祭られている場所であり、神職の方によって浄《きよ》められた空間ですから、訪れると気分も清らかになり、内側からエネルギーが整います。

気分を変えてくれる場所は、神社だけではありません。お寺や教会などの聖なる空間は、悪いエネルギーを浄化してくれます。宗派にこだわらず、自分自身がシンパシーを感じる場所、「ここに行くと、気持ちが整うな」と思う場所を選んで足を運んでみてください。

ちなみに真言宗のお寺では、僧侶が護摩木《ごまぎ》を焚《た》いてご祈禱《きとう》する「護摩焚き」を、一般参拝客も参加できる形でおこなっているところがあります。炎の力で悪い気が一気に浄められるのでおすすめです。

すばやく情報空間を整えるには、
気分をよくすること。
自分を整える
「気のいい場所」に行きましょう。

他人からの攻撃を阻止！自分で「結界」を張る技

あなたの周りには、イライラしている人や攻撃的な態度を取る人はいませんか？

もし、いたとしたら要注意です。私たちを取り巻く情報空間は、住環境や生活習慣、考え方のクセなど、さまざまなものの影響を受けていますが、そのなかで見落としがちなのが、「人から受ける影響」だからです。

基本的には、個人の情報空間はお互いに干渉し合いません。ですから、**人混みや密な空間などにいても、さほど人からの影響を受けることはありません。**

しかし、たとえば電車で肩が少し触れただけなのに舌打ちをされた。トラブルメーカーのご近所さんに嫌がらせをされる。家族や同僚に攻撃的な態度を取られる。そんなことが重なると、情報空間の壁は少しずつボロボロになっていきます。

ですから、自分自身をよい状態に保つために、日々のケアや人間関係の調整が必要になるというわけです。

しかし重要なのは、他人に攻撃される前に対処することです。

そこで、とっさのときに、自分で結界を張って防御する方法をお教えしましょう。

たとえば、「あの人、八つ当たりしてきそうだな」「この人、やたらつっかかってくるな」と感じたら、即座にこぶしを握りしめて手のひらにある労宮《ろうきゅう》を隠してください。

労宮は、手を軽く握って中指の先が当たる付近にあるツボ。一般的には自律神経を整えるといわれます。

情報空間上では、外からの情報を吸収する働きがあります。**この労宮を、左右両方ともこぶしを握る、あるいは手のひらを下に向けるなどして隠すのです。**すると、あなたの周りに結界が張られ、他人からの悪影響をはねのけることができます。

昔からの言い伝えに、霊柩車《れいきゅうしゃ》が通るときには、親指をなかにして握りこぶしを作るようにというものがありますが、これも同じ原理だといえるでしょう。

この技は、手のひらを押さえるだけなので誰からも気づかれません。しかし、効果は絶大で、**一瞬で結界を張れる便利な技です。**

邪気が入り込みやすい「瘂門」を浄化する

日々いろいろな人と交流していると、ふとした拍子に邪気や人のネガティブな想念などが、自分の情報空間に忍び込むことがあるものです。

それを放置していると思わぬトラブルに巻き込まれたり、物事がスムーズに運ばなくなったりする原因になる場合もあるので注意しましょう。

そこで私が浄化のために毎日やっている対策が、塩風呂です。やり方は、とても簡単。お風呂にひとつかみの天然塩を入れて入浴します。

塩の浄化力は、とにかく強力です。塩風呂に入ると、外出先で受けてきたどんよりしたエネルギーが祓《はら》われ、心身ともにさっぱりします。その祓いの力は、神社のご祈禱やお清めの際に使われていることからもわかるでしょう。

特に、邪気が気になるときには、浴槽に入る前に両肩や背中にふりかけ、そっと揉《も》むようにして洗ってください。邪気は、「くぼみ」に溜《た》まりやすいという性質があるので、耳のくぼみや鎖骨の上も塩で洗います。

そのなかでも首の後ろの〝ぼんのくぼ〟は、邪気が入り込みやすいところです。ここには「瘂門《あもん》」というツボがあります。自律神経を整えて脳の働きを助け、肩こりや目の疲れにも効果があるので、塩で軽くこすりながら浄化していってください。意外に知られていないのですが、**邪気は髪につきやすいという性質があります。**ですから、シャンプーの前に塩を髪に振って軽く洗い流すと、なおいいでしょう（塩が目に入らないように注意しましょう）。特に、髪の長い女性はおすすめです。

とはいえ、いくら嫌なことがあったといっても、やりすぎは肌を傷めます。「一日の邪気を祓うぞ」という意識は大切ですが、自分をいたわる気持ちを忘れず、優しく洗っていきましょう。

塩風呂にゆっくり入るだけでも血行がよくなり、気分がリラックスします。入浴時間は、日中受けた疲れや不要なエネルギーをリセットできる大切な時間です。

嫌なことを思い出さず、楽しかったことや好きなことを思い浮かべながら疲れを癒やし、自分を整えていきましょう。

塩の浄化力は、とにかく強力です。
塩風呂に入ると、外出先で受けてきた
どんよりしたエネルギーが祓われ、
心身ともにさっぱりします。

なぜか、「1日300人を見るだけ」で元気になれる

在宅ワークが広がったコロナ禍では、メンタルに不調をきたして心療内科やカウンセリングの助けを必要とする人が増えたといいます。

あなたの周りにも「家にこもってばかりで気分が鬱々とした」「人と会えない、話せないから落ち込んでしまった」という人もいたのではないでしょうか。

目にするのは、いつも同じ風景。会うのは家族や同僚、友人知人だけといった生活では、エネルギーがよどんでしまいます。

日常的に視覚から刺激をもらい、自分を整えることも大切です。

ある統計によると、**目に入る人が1日300人以下になると、鬱になりやすくなるという結果が出ているそうです。**

300人というと、かなりの人数に思えるかもしれませんね。ですが、都市部に暮らしていれば、繁華街を歩くと、そのくらいの人は自然に目に飛び込んでくるもので

す。人口密度がさほど高くない地域でも、車や電車に乗ったり、スーパーやコンビニに寄ったりすれば結構な人を見かけます。

ただ視界に入るだけ、すれ違うだけでもおおぜいの人と日々接し、視界に刺激を取り入れることは、心をいい状態に保つために重要なのです。

とはいえ、なかなか外出ができなかったり体調が悪かったりする場合もあります。そういうときは、〝次善の策〟として映像を使いましょう。パソコンやテレビの画面で、にぎやかな街の風景を観《み》るのです。

すると視覚から、新しい情報を取り入れられます。

たとえば、ニューヨークやパリ、ローマなどの好きな街、いつか訪れてみたい都市の映像を観てみましょう。仕事や家事をしながらの「流し見」でもかまいません。

最近では、観光地や繁華街のライブカメラ映像も充実していますから、好きな場所を検索してみるといいでしょう。ただし、同じ場所ばかりだと刺激は減っていきます。

映像を観る場合は、場所をときどき変えながら、つねに新しい情報を取り入れていきましょう。

ただ視界に入るだけ、すれ違うだけでも
おおぜいの人と接することは、
心をいい状態に保ち、
自分を整えることになります。

気が滅入る、やる気が出ない……
その原因は視線の動き

家にこもりがちだと、気が滅入《めい》ったり、やる気が出なくなったりするのはなぜでしょうか。その原因のひとつは「視点」にあります。屋内にいると視点がかたまりがちになり、視野が狭まってしまうのです。

すると思考の幅も狭くなり、同じことをグルグル考えつづけてしまいます。前向きなアイデアも浮かびません。それで、気分が鬱々としてくるというわけです。

悩んでいるとき、人はたいてい一点をジッと見つめているものです。そんなとき、思考は悪い方へ悪い方へと向かっていき、負のスパイラルに陥ってしまいます。

その一方で、自分の悩みを上手に解決するだけでなく、他人の相談事を受けるのが得意な人もいます。思わぬ視点から解決策をアドバイスしてくれるので、「あの人は、視野の広い人だ」と人に頼られる存在です。

なぜ、人が気づかない観点から助言できるのでしょうか。それは、日頃から、多様な角度で物事を見ているからです。

物理的にも、彼らの視線はつねによく動いています。

視線の動きと心の状態は連動しています。ですから目線を動かし、新しい刺激や情報を日々キャッチしていると、広い視野に立って多角的な思考ができるのです。

悩みがあるときや落ち込んでいるときは、視点が一点にかたまっていないか、視野が狭くなっていないか、自分自身を振り返ってみましょう。

もし、「同じ場所を見つめている時間が多い」「うつむきがちだった」と気づいたら、さっそく目線を動かしてみてください。**その場でキョロキョロと視点を変えるだけで、気分を変えられます。顔の前でペンを上下左右に動かし、そのペン先を目で追いかけるのも効果的です。**あるクライアントさんはこの話を聞いて、気分がダウンしそうなときは、すぐに目線を動かしてあちこち見るようにしたそうです。すると、あっという間に気持ちを切り替えられるようになり、その即効性に驚いたとか。

歩く際に、街路樹や花壇の花を愛《め》でる、散歩の途中で鳥を探す、ウィンドウショッピングする。そんな習慣を取り入れるのも、目線を動かすよい工夫になります。

本を読む人は、なぜ情報空間が整っているのか？

本を読むと、確実に知的レベルが上がります。

そして、**知的レベルを上げれば上げた分だけ、情報空間がレベルアップした状態で整うのです。**

知的レベルというとむずかしいイメージがありますが、ご心配なく。要するに、それまで知らなかった情報や新しい知識を取り入れるということです。

新たな知識をひとつ手に入れれば、あるいは、本を一冊読めば、その分だけ世界が広がります。

それは、あなたが望む人生を創造する道具がひとつ増えることに他なりません。

もっとはっきりいうなら、人生を変えたければ、本を読めばいいのです。

もちろん、ネット書店でも本は手に入りますが、実際に書店を訪れる方がおすすめです。書店はいうまでもなく、知識と情報の宝庫。さらに思わぬ出会いに恵まれるチャンスが増えるからです。

書店では、ふだんは見ない棚をチェックしてみましょう。たとえば、ビジネスマンなら、あえて美容やK‐POPの棚をのぞいてみる。スポーツに興味がない人は、サッカーや野球の専門誌をめくってみるなど、いままで手に取ったことのないジャンルの本や雑誌を見てみるのです。

なかには、「これがなんの役に立つのだろう」と感じる情報もあるかもしれません。しかし、**そういった情報は非日常の刺激となって確実に蓄積されていきます。その蓄積が、あなたを想像を超えたゴールへと運んでくれるのです。**

できれば、ふだん行かない本屋さんに足を運んでみてください。

たとえば、隣の駅にある古くから続く書店、ちょっと車で行ったところにある大型書店。以前から気になっていた専門書店など、探してみると個性豊かな書店がいろいろあり、それぞれに品揃《しなぞろ》えが変わっているものです。

夢をつかむ人の「できる手はすべて打つ」法則

情報空間を変えるには、「できる手はすべて打つ」という法則があります。ひとつでも多くの手を打つために、知識は多ければ多いほど有利です。そして知識は、本だけでなく、映画や講演、人との話などからも得られるのです。

じつは、**本を読んだり映画を観たり講演会に参加したりしていると、人はトランス状態に入りやすくなります。**トランスとは、平常と異なった意識のことで「変性意識」とも呼ばれます。この状態に入ると、集中力が非常に高まり、情報がインプットされやすくなります。しかも、もっとも情報空間が書き換わりやすくなるのです。

さらに、**トランス状態に入ることで直感力が高まります。その結果、いつもより冴《さ》えたひらめきや斬新なアイデアが生まれる確率も高くなっていきます。**

特別な力がないからと、うなだれている暇はありません。せっかく目と耳があるわけですから、存分に活用してください。

お気づきかもしれませんが、あなたがいまこの本を読んでいるのも、情報空間を変えるための「一手」です。漫然と読み流すのではなく、今日から日常で実践できることを探そうという視点をもって、情報をインプットしていきましょう。

さらに、知的レベルを上げるために、映画鑑賞や講演会、セミナーへの参加も積極的におこなっていきましょう。また、自分が興味をもつ分野にくわしい人に会って話を聞きましょう。するとさらに多方面から知識が集まり、重層的にグレードアップしていけます。できることや思いつくことをすべてやっていく姿勢が大切です。

たまに、「エドワードさんみたいな特殊能力をもつ方にお願いしなければ、現実は変わりませんよね」と肩を落とす方がいらっしゃいますが、それは勘違いです。

もちろん、訓練を積んだ専門家が技をかければ情報空間が変わり、現実がそれに連動して変化します。しかしそれに頼らずとも、自分でできることは山ほどあるのです。

世の中を見てください。情報空間の原理を知らなくても成功している人は、数え切れないほどいます。彼らは自分なりに行動することで、結果的に情報空間を書き換え、夢をつかんでいったのです。

人生を変えたければ、
本を読めばいいのです。
あなたがいまこの本を読んでいるのも、
情報空間を変えるための「一手」です。

「情報発信」が望む現実を引き寄せる

いくらよい情報を入れても現実が変わらない場合は、アウトプット不足といえます。情報をインプットしたら、アウトプットも合わせておこないましょう。

本や映画、講演会などで得た知識や感想をSNSやブログの記事に書く。メルマガを発行する。動画や音声の発信サイトで公開するなど、「これならやれるかな」と思う方法で発表してみるのです。

いまは誰でも簡単に発信できる時代ですから、気軽にトライしてみましょう。おおぜいに向かって発信するのはハードルが高いと感じますか？

もしそうなら、家族や友人へのアウトプットでも大丈夫です。受け売りでいいので講演会で学んだことを教えたり、映画のストーリーや感想をシェアしたりする。これだけでも立派なアウトプットです。

そのようにしてインプットとアウトプットを繰り返していくと、知的レベルや人間力が上がるだけではありません。**人生そのものが楽しくなっていきます。**

またアウトプットすることによって、必ず何らかのフィードバックがあります。仕事やイベント出演のオファーが来るかもしれませんし、同じジャンルに興味をもっている人からつながりたいと連絡がある可能性もあります。

そこから縁が広がり、人生が思いもかけない方向に転がっていったりするのです。

「面白かった」「勉強になった」といったコメントをもらうだけでも、励みになりますし、何より自己重要感が高まります。そのとき確実に、あなたの情報空間は書き換わっていると考えていいでしょう。

もちろん、ときにはネガティブなフィードバックがあるかもしれません。それでもいいのです。そのフィードバックに納得できるのなら、そこから修正をかけていけば、さらに発信をブラッシュアップできます。もしピンとこないなら、スルーすればいいだけです。

いずれにせよ、発信によって情報空間に新たな変化が起きることに変わりはありません。その変化が、あなたを望む現実に見合う状態に整えていくのです。

速音読でグレードアップした自分に整える

本を読む際には、「速音読」も取り入れてみましょう。**1回3分でいいので、2倍ほどの速さで読むのです。**2倍速といっても体感でかまいません。発想力や記憶力が増し、学習成果が上がります。その結果、仕事のパフォーマンスが上がり、プライベートでも活動的になっていきます。

速音読は、脳科学者の間でも効果が認められ、脳トレ本などにも紹介されていますが、私がその驚くべき効果に気づいたのは、学習障害のあるお子さんとの出会いがきっかけでした。

そのお子さんは、出産時の事故で酸素不足に陥り、脳に障害が残ったとのこと。発達障害の症状を緩和したいという親御さんの申し出を受けて、私は「脳の血流を上げれば障害が緩和されるのでは」と考えました。

そこで、**脳内の血液分量を増やし、循環をよくする技をかけたのです。**

するとそれまで多動だったそのお子さんが落ち着いて授業を受けるようになりました。そればかりか内容もきちんと理解し、さらに、座って本も読めるようになったとうれしい報告をいただきました。

以来私は、セッションに来られた保護者の方に経緯をお話しし、子どもたちに同じ技をかけてみました。そうすると、どのお子さんも短期間で飛躍的に成績が上がったのです。この結果を私はこう分析しました。

血流が上がると脳の神経細胞の働きがよくなり、シナプスの伝達がよくなるのでは、と。

そこで成人したクライアントにも速音読を試してもらったところ、**「直感が冴え、ひらめきが湧くようになった」「物覚えがよくなった」**などの反響が多数あったのです。

速音読するのは、ご自分の好きな本でＯＫです。

何を読めばいいか迷う方は、文豪の名文を読むと上質な知的刺激が得られるでしょう。子どもたちは、教科書を速音読すると学習効果が倍増します。よりグレードアップした自分に整っていく手軽な方法です。

人の運勢は、日本語を正しく使うことで保たれる

自分を整えるための強力な道具を、誰でももっています。

それは、「言葉」です。特に私たちがふだん使っている日本語は、他の言語にはない特別なパワーをもっています。

日本語に秘められた力は、江戸時代の国学者、平田篤胤や本居宣長の研究によって学術的にもあきらかにされています。

なかでも注目したいのが、彼らが、**「その人の健康や運勢は日本語を正しく使うことによって保たれる」といっていることです。**逆にいえば、日本語が崩れると、健康や運勢が損なわれる可能性があるのです。

その大切な日本語のなかで、私が特に気になっているのが「お疲れさま」という挨拶です。あなたは、午前中なのに職場や何かの集まりで「お疲れさまです」と挨拶し

ていないでしょうか？　おそらく、いま多くの人がうなずいたはずです。

しかしこの言葉は、相手に「呪いをかける言葉」といえます。

呪いというと、大げさに聞こえるかもしれません。でも朝10時、まったく疲れていないのに、「お疲れさま」と声をかけられたらどうでしょう。脳は、「あ、これって仕事が終わったときの挨拶だよね。今日ももう終わりか」と勘違いします。すると集中力が切れたり、本当に疲れを感じたりして能率がグッと下がるのです。言った本人も言葉の影響を受けるので、同じ現象が起こります。

「お疲れさま」は、疲れた相手をねぎらうための言葉。ですから、終業時に言うのが正しい使い方です。ここを混同しないように注意しましょう。

「お疲れさま」の代わりに、朝は「おはようございます」。日中は、「こんにちは」「今日も元気そうですね」「お世話になります」など、場面に合わせて言葉かけするといいでしょう。相手にも自分にも呪いをかけないために、ぜひ気をつけてください。

といっても基本的には、あまり神経質になることはありません。日頃から挨拶をしっかりする、「ありがとう」と感謝を伝える、乱暴な言葉遣いをしないなど、常識の範囲で日本語が使えていれば合格です。

言葉で情報空間は整えられる

日本語を大切にすればするほど、あなたの発する言葉の力は情報空間上で増していきます。

日本語を大切にするとは、どういうことか。**一言でいえば、丁寧に使うことです。**

理想の例が、とある文豪の小説にあります。

その作家は、「ある女性が貝を拾った」という単純な行動を細かな動作に分解し、詩情豊かに描写しています。要約すると、次のような内容です。

「浜辺を歩いていたその女性は、波打ち際の砂の上に、美しい貝殻を見つけた。そして足を折り曲げ、濡《ぬ》れるのもかまわずひざを砂浜につけてそっと貝殻を拾い、目線の高さまでゆっくり持ち上げ、優しく見つめた……」

いかがでしょう。まるで絵画のような描写ですが、この文だけでも作家が丁寧に日本語を紡いでいることはわかるのではないでしょうか。

もちろん現代において、しかも日常会話でこんな表現をするのは現実的ではありません。**しかしディテールを観察し、細かく表現する姿勢は、ぜひ見習いたいものです。**なぜなら、このような姿勢こそ自分自身の格を上げ、情報空間を整え、グレードアップさせることにつながるからです。

少なくとも、「あけおめ」「誕プレ」などのように、言葉を省略する。あるいは、「やばい」「エグい」などのように、何でも同じ言葉で済ませようとする。こんな言葉遣いは、丁寧とはいえません。本来、やばい、エグいは、それぞれ「まずい状況だ」「ひどい・あり得ない」といった意味で使われていました。しかし近年では、どちらも「すごい」「かっこいい」などのポジティブな意味でも使われています。

言葉は時代によって変わるので、独り言で呟《つぶや》いたり何気ないコミュニケーションで使ったりするのは仕方ない部分もあるでしょう。しかし、何でもひとくくりに表現しようとすると、物事の細部や本質、あるいは、自分自身の微妙な感情をとらえる能力が落ちていきます。こまやかな感性で、正しい日本語を場面に応じてきちんと使う姿勢が、情報空間の質を上げ、言葉の力を強めていくのです。

前向きに整える強力な日本語は「楽しいな」

心を元気づけ、前向きに整える強力な日本語をお教えしましょう。

それは、「楽しい」「どう楽しもう」です。

言葉を発するとその言葉のエネルギーが情報空間に刻印されます。そして場が書き換わり、いつしか発した言葉のエネルギーで満たされ、現実のものとなります。

ですから、**たとえ気分がいまひとつでも、あえて「楽しいな」と口にするのです。**

そう言いつづけていると、情報空間が変わっていくので、いつの間にか自分自身の気持ちも上がります。

すると、「気分転換に出かけようかな」「積読になっている本でも読もうか」と行動が変化していきます。そして、その行動に見合った結果や気分が得られるわけです。

当然のことですが、「つまらないな」と言っていると、その言葉が情報空間に刻印されますから気をつけましょう。

私が日常的に意識して使っているのが、「さあ、どう楽しもう」という言葉です。似た意味で、「どう工夫しよう」もよく口にします。

たとえば、面倒な作業をしなければならないとき、意に沿わない状況が訪れたとき、この言葉は、エネルギー転換の切り札になります。たった一言ですが、現状がどうあれ意識がガラッと変わり、現実をポジティブにとらえられるようになるのです。

ピンチの場面でも、どう工夫できるか、どう楽しめるかといった視点でとらえられれば、それはチャンスに変わります。

ただし、心のなかで考えているだけでは効果は現れにくいでしょう。

小声でもいいので、外に表すこと。「音」として、言葉を発することが大切です。

「楽しいな」「楽しもう」と口に出すと、日本語の力が充満し、その場が楽しい空間に変わると思ってください。

「わざわざ口に出すなんて億劫《おっくう》だ」「面倒だな」と感じたかもしれませんが、そのひと手間を惜しまないことが肝心です。もし同じ場所に人がいて恥ずかしければ、ボソッとでもいいので、ぜひ言葉で刻印するつもりで声に出してみましょう。

小声でもいいので、

「音」として、言葉を発することが大切です。

「さあ、どう楽しもう」

「禍福」は一瞬にして切り替わる

「禍福《かふく》はあざなえる縄の如《ごと》し」という故事成語があります。

不幸も幸福も、より合わせた縄のように代わる代わるやってくるものだ。災いが幸運に転じることもあるし、その逆もある。そんな意味で使われる故事成語です。

この故事成語を表面的に見れば、人生はなかなかコントロールできないととらえる人も多いかもしれません。しかし情報空間の概念を使うと、この故事成語はポジティブな意味合いを帯びてきます。

情報空間上では、意識を変えるだけでたちまち場がガラッと変わります。ですから、**こと情報空間に限っていえば、〝禍福〟は自分自身で一瞬にして切り替えられるのです。**

このことを端的に表した図が、太陰太極図。勾玉《まがたま》のような形を上下ふたつ組み合わせ、円を形作っている図です。東洋医学や陰陽五行思想などの世界でよく使われるので、あなたも見たことがあるのではないでしょうか。

この図は陰と陽に分かれていますが、よく見ると、黒い部分（陰）には小さな白丸（陽）が、白い部分（陽）には小さな黒丸（陰）があります。このふたつの丸は、「陰中の陽、陽中の陰」と呼ばれます。

これが意味するところは何か。**陰に見える状況のなかにも陽に転じる可能性が秘められている。逆に、陽に見える状況でも陰に変わり得る可能性があるということです。**

つまり、どんな逆境に陥ったとしても絶望しなくてもいい。細くても、必ず陽へと向かっていける道筋がある。逆に、絶好調だと油断していると、ちょっとした隙間からダークサイドに落ちることもある。太陰太極図は、このことを表しているのです。

ですから、陰の極面にいるときには「陽に転じる一手」を打つ。一方、陽の局面では、「陰に転じる可能性を少しでも減らす一手」を打ちつづければいいというわけです。ふたつの局面は、人生においてつねに循環しているので、陽の局面ばかりにいることはできません。しかし、情報空間を書き換える方法を知っていれば大丈夫。

陰の時期を無難に乗り切り、陽の局面で大きく飛躍することができます。

安倍晴明が〝魑魅魍魎〟から逃れた次元上昇法

たとえば電車で、少し様子のおかしい乗客が独り言をブツブツ呟きながら乗ってきたとします。からまれたら嫌だなと思いますが、あいにく混んでいて移動できません。

さて、あなたならどうしますか?

安倍晴明は、情報空間を使ってピンチを切り抜けました。こんな逸話があります。

晴明が活躍した平安時代の都は、夜の闇に乗じて鬼や妖怪などの魑魅魍魎《ちみもうりょう》が現れ、人間に悪さをすることがよくありました。ある夕暮れどき、安倍晴明が夕闇の迫る大路を牛車《ぎっしゃ》で進んでいると、鬼がこちらに向かって歩いてくるのが見えたそうです。

鬼が晴明を見つければ、自分の存在を見破られていると気づき、攻撃を仕掛けてきます。そこで戦って鬼退治することもできたのですが、晴明は無駄な戦いを好みませんでした。彼は、鬼が自分を見つけられなくなる技をかけ、そのまま通り過ぎたといいます。

何をしたかというと、**自分と牛車の次元を上昇させ、情報空間で鬼とは違う次元に移動し、大路を進んだのです。**

晴明は特殊な技を使いましたが、この理論は、現代の私たちにも活《い》かせます。

先ほどの電車の例でいえば、からんできそうな乗客に意識が向くと、波長が合って、相手もあなたの存在をキャッチします。そして、ちょっかいを出してくる可能性が高くなります。ですから、**そんなときはサッと注意をそらし、別の楽しいことや美しいものに意識を向けるのです。**イヤフォンでお気に入りの音楽を聴いてもいいし、楽しみにしている予定やうれしかった出来事を思い出してもいいでしょう。好きな風景や絵を思い浮かべるのも効果的です。

このように、特別な技を知らなくても、自分の意識を上げれば自然に次元が上がります。すると、次元の低い存在とは関わることなく快適に過ごせるのです。

うれしい、美しい、楽しい、素敵、幸せだと感じるものは、みな高次元です。日頃から、そう感じる物事をストックしておくと、いざというときに役立ちます。

抽象度を自在に操り人生を整える

意識の次元を上げることを、「抽象度を上げる」といいます。

最近ビジネスシーンなどでよく使われるこの言葉は、本来は「物事を俯瞰的《ふかんてき》にとらえ、本質を見抜く」という意味です。

しかし情報空間の理論では、「意識の次元を上昇させること」や「次元の高い物事」を指します。美しさや喜びを感じる高次元の物事は抽象度が高いもの。逆に、悲しみや恐怖、不安を感じさせる低次元の物事は抽象度が低いもの。

また、思考や第六感的な感覚などは抽象度が高く、「寒い」「甘い」など体で具体的に感じるものは抽象度が低いといいます。

たとえば、段差で転んで「痛い」と感じたときは抽象度の低い段階です。

そこから進んで「この段差で転ばないようにするには、どうすればいいだろう」「自分以外の人が段差に気づく工夫はあるだろうか」と考えると抽象度が高くなり、次元が上がります。

ただし、単純に抽象度を上げればいいかというと、そうではありません。日々さまざまな状況に置かれるなかで自分を整えるには、抽象度の上げ下げを上手に使い分けることが重要です。というのも、現実生活でおいしいものを食べたり楽しい体験をしたりして、喜びや快感を味わうことも、抽象度を上げるのと同じくらい大切だからです。体で幸せを感じると、物理空間で自分自身が幸福感で満たされます。

すると、人の念や場の邪気によって情報空間に若干のバグが生まれたとしても、問題なくやり過ごせる可能性が高まるのです。**物理空間での幸福感が高ければ、多少のバグであれば影響を受けないからです。**

昔から、年長者が「困ったことが起きたら、おいしいものを食べて早く寝なさい」「悩んでないで、好きなことをして気晴らししなさい」といった助言をすることがありますが、まさにそれは、このことをいっているのです。自分自身で意識して、抽象度を自在に上げ下げできるようになりましょう。そうすれば、人生はより豊かに楽しく整っていきます。

富豪がホラー映画を観る理由とは？

あなたは、ホラー映画やパニック映画は好きですか？

手に汗を握り、ハラハラドキドキする感覚を味わうのは楽しいものですね。

しかし情報空間を整える目的からすると、基本的にはそういった映画はおすすめできません。なぜなら抽象度が低く、恐怖心や不安と同調するからです。

ところが、私が教えを受けたモナコの大富豪は、それらの映画をときどき観ていたのです。

本来、富豪たちは日頃どんな情報を取り入れるかにとても敏感です。

ゴシップ雑誌やワイドショー的なテレビ番組は一切観ません。そういった情報に触れると、噂《うわさ》好きな人や詮索好きな人が集まってくるといって遠ざけています。映画やドラマも、厳選した名画や話題になっている良質のものだけを観ます。

でも例外的に、ホラー映画やパニック映画は、時折観るのです。たとえば、ハイジャック犯に飛行機が乗っ取られる映画やゾンビが町を襲う映画などです。

ただし、単にスリルを味わうためではありません。

では、その目的は何かというと「リスク管理」のためです。

自分が主人公だったらどうやって危機を脱出するか。どんな作戦を立てれば、敵に勝てるのか。ストーリーを追いながら、シミュレーションします。

たとえば、雪山で遭難したとき、どんな選択をすれば生還できるだろう。機内でどう行動すれば、ハイジャック犯から身を守れるだろう。謎の生物が町を襲ってきたら、どこに逃げれば生き延びられるだろう。そんなふうに、自分が主人公の立場になり具体的に考えながら観ることで、リスク管理や問題解決の能力が培われるというわけです。**ここでポイントなのが、富豪は必ず危機を脱出できる設定で映画を観ていること。つまり、自分の望むゴールを先に設定しているのです。**

その姿勢で観ることで、ピンチを切り抜け、最悪の事態から脱出する思考力を養います。そしてその思考力は、そのままリスクマネジメント能力となり、ビジネスシーンや人間関係に応用できるのです。

空海から教えてもらった淺井家秘伝のお守り

いまは、何が起きてもおかしくない時代です。

豪雨や地震などの災害もあれば、事件や事故にいつ遭遇するとも限りません。交通機関を利用すれば、遅延や乗客同士のトラブルに巻き込まれる可能性もあります。

しかし、どんな状況でも最大限に守られるお守りが、淺井家には伝わっています。

私の先祖が1200年前に空海から教えてもらったもので、このお守りを携帯することで、淺井一族の者はいくさで弓矢や鉄砲玉に当たることなく、一族はどんどん繁栄していきました。

ながらく秘伝とされてきましたが、乱世ともいっていいこの時代に、多くの方に役立ちたいと2021年にその作り方を公開したところ、大きな反響を呼びました。

お守りの材料は懐紙とマジックのみ。作り方も、非常に簡単です。

懐紙は、茶道などに使われる和紙で、昔はマナーのひとつとして束ねて着物の懐《ふところ》に忍ばせ、ティッシュやメモ、便箋の代わりなどに使われていました。いまもデパートや通販サイトなどで簡単に手に入ります。手順は次の通りです。

①懐紙の中央に、マジックなどペンで「日」と大きく書く。
②懐紙を折りたたむ。
③懐に入れて持ち歩く。

「日」は、いうまでもなく太陽のこと。この文字自体が強烈なエネルギーをもっています。また太陽は、密教では宇宙そのものとされている大日如来を表します。

ただし、気をつける点がいくつかあります。まずは、書いたら開けないこと。できるだけ肌に近いところに携帯すること。そして、1日ごとに作り直すことです。

このお守りを持ち歩くと、情報空間上に生まれた守護の力で、知らないうちにアクシデントから守られます。たとえ何らかのトラブルに見舞われたとしても、大難が小難に変わり、最低限の影響を受けるだけで済むのです。

「日」は、いうまでもなく太陽のこと。
この文字自体が
強烈なエネルギーをもっています。

情報空間が整うと、目線が上がる

あなたを取り巻く情報空間が整っていくと、「日々なんとなく楽しい」「スムーズに物事が運ぶ」など、毎日にうれしい変化が現れていくでしょう。

また「ひょんなことから、長年やりたいと思っていたことができた」「以前から願っていたご縁がつながった」と、自分が設定したゴールに向かって現実が動きはじめるでしょう。

それと同時に、あなたの外見にも大きな変化が訪れます。

背筋がスッと伸びて、視線がそれまでより上がるのです。

セミナー参加者やクライアントの方からも、「猫背が直って、呼吸が楽になった」「なぜかわからないが、最近腰がシャキッと伸びている」「うつむきがちだったのに、町の景色に目が行くようになった」などのご報告をよくいただきます。話を伺ってみると、どの方も情報空間を整えるアクションを素直に実践している方たちです。

じつは、背筋を伸ばしたその姿勢は、ヨーロッパ貴族のそれと同じ。つまり何もしなくても、富がやってくる姿勢です。情報空間にもその姿勢が放つエネルギーが刻印されるので、お金の巡りもよくなります。

では、目線が上がると内面的にはどんな変化があるでしょうか。

まず、周囲の様子や景色がよく見えるようになり、さまざまな情報をインプットしやすくなります。新しい情報から刺激を受けるのでエネルギーが活性化し、運もそれに連動して勢いづきます。

さらに目線が上がると、考え方も積極的になり、特に知識欲が増していきます。

自分には知らないことがまだまだあると気づき、「知っていること」を増やそうと意欲的になるのです。そうやって学んでいくと、まださらに未知の領域が膨大に広がっていることがわかり、学びが深まります。その結果、教養や思考の抽象度が増して、人生にも広がりが生まれ、社会でのステイタスも上がっていきます。

このように情報空間を整えれば、つねに新たな地平、新たなステージを見通しながら進んでいけるようになるのです。

つれづれエッセイ 1

淺井家と空海の不思議な関係

いまでも記憶に残っている体験があります。

14歳のときのこと。私は、父と一緒に祖先の治めた地である島原を訪れました。

淺井家の長男は、昔でいう元服（武士の成年儀礼）の年14歳になると父親とともに島原を訪れ、とある高台に登るのです。

そしてその場所で、眼下に広がる町や田畑を見下ろしながら360度ぐるっと回り、こう宣言します。

「見渡す限り、我が領地。民のために（この地を）守り戦わん」

これは、本家も分家も先祖代々続いてきた儀式。

このときの記憶は、「世のため人のためにつくしなさい」という空海の言葉を胸に刻んだ体験として、いまも大切にしています。

プロローグでお話しした空海の井戸は、この高台の近くにあります。

その井戸ができたいきさつをお話ししましょう。

1200年前、島原半島を訪れた空海は喉が渇き、淺井家の先祖であるおばあさんに一杯の水を所望しました。すると、おばあさんはわざわざ遠くの水源まで行き、水を汲《く》んできてくれたのです。

感激した空海は「水源が遠いこの地のために」と、持っていた杖《つえ》を大地に突き立て井戸を出現させました。

新たな水源の管理者となった先祖はその井戸を開放し、水路が広がった土地の人々は大いに助かったといいます。「六角井戸」と呼ばれる空海の井戸は、いまも地元の人に守られています。

このとき空海は、先祖に「豊かに湧き出る」という意味の「淺井」を名乗るようにと伝えます。そしてプロローグで紹介した**「動乱のときに人につくせば、未来永劫《えいごう》栄**

えつづける」という言葉と、1章で紹介した「日のお守り」を授けるのです。

浅井家は、その後も富を独り占めせず、土地の人々の生活を守りました。また困窮する人々のために農地を広げるなどの対策をおこないました。

そして、長崎市内に移って事業で大成功した大正時代、浅井家のものだった島原の土地を人々に無償で譲り渡したのです。

島原の人々は、そんな浅井家に対する感謝を忘れることがありませんでした。

時代が下がって、第二次世界大戦も終わりに近づいた頃のこと。

次第に激しくなる空襲を心配した島原の人々は、このままでは浅井家の人たちが危ないと、荷車を引いて長崎まで迎えに来てくれたのです。

家財道具もろとも一族全員を疎開させたので、荷車の数は数百台に及んだと、当時、尋常小学校5年生だった父は教えてくれました。長崎に原爆が投下されたのは、その7日後のことでした。

お盆や正月などに親戚が集まると、年長者たちはいつもこのような歴史を話してくれました。それを聞きながら育った私は、**「世のため人のために」**という思いをますます強くしていくのでした。

震災をきっかけとした独立、モナコの大富豪との出会いや「整え」の技の習熟などすべてが、その思いをこの人生で実践するための布石だったのだと、いま振り返って思います。

さて、「整え」の技術を使って人々に貢献しようと個人セッションを始めた私に、さらなるステージアップのきっかけがもたらされました。

なんと、そのきっかけをくれたのは空海その人でした。

ツアーで沖縄の離島、久高島を訪れたところ、**ノロ（巫女《みこ》）の方が、「弘法大師（空海）の御霊《みたま》から伝言を預かっている」と私に言うのです。**

その伝言とは、「技に依存させてはならない」ということでした。

たしかに、私が「整え」の技をかけることで現実が好転するとしても、すべてが「人頼み」になると、その方の自主性や能力発揮の機会が失われます。

そこで私は考えました。そして、ブログやセミナーで「自分自身でできる『整え』の技術」を紹介しはじめたのです。

すると全国から反響が寄せられ、お会いしたことのない方々からもたくさんのフィードバックが届きました。その結果、このように本の出版も実現することができました。

「整え」のセッションを始めた当初、多くの人に対して広く発信していくという発想は、私にはありませんでした。

しかし、**一人ひとりが自分自身の手で未来を作る技術を紹介すれば、一気にたくさんの方の人生をよりよく変えることができる**のです。

ノロの方の伝言を聞いて、空海は、それを伝えたかったのだと心から納得したのでした。ですからこの本では、自分ひとりで情報空間を整え、確実に変化を起こせる技をさまざまな角度からお伝えしています。

ぜひ実践して、あなたの人生をご自身の手でもっと輝かせていただきたいと心から願っています。

2章 お金の整え

モナコの富豪は、「富は向こうからやってくる」と考えている

並外れた資産をもっている富豪たちは、ビジネスやお金についてどう考えているでしょうか。彼らは、「働かなくてもお金は回ってくる」「富は向こうからやってくるのが当たり前」ととらえています。これが富豪と呼ばれる人たちの偽らざる実感です。そして、その思考通りのスタイルで、日々アクセクすることなく暮らしています。

驚いたのは、富豪たちが一年中パーティーばかりしていること。

大げさにいっているわけではありません。なかには、1日で2、3か所を掛け持ちして、1年のうちに400回以上パーティーに出席しているツワモノもいます。

パーティーというと夜のイメージがありますが、モナコでは、午前11時や正午から始まることもめずらしくなく、午後6時スタートで午前2時まで続くことも。なかには、24時間続くパーティーもあるので、そういったことが可能になるわけです。

美しく着飾って美酒美食を味わい、知的刺激にあふれる会話を満喫するのは、この

うえなくエキサイティングで、彼らはそんなひとときを心から楽しんでいます。

しかし、いくら資産があるとはいえ、遊んでばかりで大丈夫なのだろうか、彼らはいつどうやってお金を稼いでいるのだろうと、当初私は不思議な思いでした。

ところがパーティーに出るうちに、あることがわかりました。

富豪たちは遊んでいるように見えて、じつは、お金をしっかり回していたのです。

そのしくみは、こうです。メインパーティーが終わると、男性はたいてい会場を移し、葉巻を楽しむシガータイムが始まります。そのときの会話がビジネスになり、大きな利益を生むわけです。たとえば、Aさんが「いまもっている城を手放したいんだ」と言うと、近くにいたBさんが、「ちょうど新しくほしいと思っていた」と名乗りを上げる。Cさんが「ワイン事業を始めたい」といえば、Dさんが「僕のワイナリーを譲ろうか」ともちかける。また、パーティーを通じて慈善事業への寄付が集まることも知りました。


優雅な近況報告とともに繰り広げられる会話から、ときには十億円単位のビジネスが生まれることもよくありました。**遊びながらお金を回す、人の縁が富をもたらす。**

そう意識を変えて情報空間を整えれば、これは誰にでも実現可能なスタイルです。

突然振り込まれた2000万円

「遊びながら富を得るなど、お金持ちだからできるのだろう」と思うかもしれません。たしかに、億単位のお金を動かすのは資産がないとむずかしいでしょう。

しかし「意識を変えれば、現実が変わる」という原則にのっとれば、不可能ではありません。スケール感はもちろん同じではありませんが、遊びながらにして、自分にとって十分な富が舞い込んでくる状態を作れます。

その第一歩が、まず「富は向こうからやってくる、人がもってきてくれる」と確信することなのです。すると情報空間が書き換わるので、いままでにないオファーや誘いがやってきます。その波に乗って動いていると、お金が文字通り向こうからやってくるのです。

最初にこれを実感したのは、モナコに初めて滞在したときのことでした。

この章のあとにお話ししますが、チャリティコンサートの参加費と渡航費は自腹。そのうえ、滞在中は一切仕事ができないため、収入がストップ。私は不安を覚えました。しかしモナコの大富豪Kさんは、「お金は向こうからやってきますから」と平然としています。私も、富豪たちと行動をともにするうちに、そんな気持ちになっていました。

するとある日、銀行口座に突然2000万円が振り込まれていたのです。振り込まれた社名に心当たりはありません。モナコからでは確かめようもなく、帰国後、問い合わせたところ、いきさつが判明しました。

それは、ファイナンシャルプランナー仲間からの送金でした。以前、私が薦めた金融商品が大口顧客に売れたので、そのコミッションとして振り込んだとのことでした。つまり、私自身はまったく何もせず遊んでいる間に、仲間が動いてお金をもってきてくれたのです。それまでも仕事仲間からコミッションが入ることはありましたが、これだけ高額だったのは初めて。

Kさんに報告したところ、**「ほらね、言った通りでしょう。お金は人が運んでくれるんですよ」**という言葉が笑顔とともに返ってきました。

「富は向こうからやってくる、
人がもってきてくれる」
そう確信すると情報空間が書き換わり、
いままでにないオファーや誘いがやってきます。

ランダムな移動が望む未来にワープさせる

先が見通せなくてもノリよく身軽に動いた方が、望む未来に早くたどり着けます。情報空間上では、ランダムに動いている間に人生が加速し、物事が展開するスピードが上がるという法則があるからです。

一見すると、まっしぐらに突き進んだ方が、早くゴールにたどり着けると思うかもしれません。しかし情報空間上では、直線的なエネルギーには「罠《わな》」があるといわれ、最短距離で進むとその罠にハマり、崖に落ちるリスクが高まるとされています。

目標を設定したあとの理想は、日常でランダムに移動を繰り返す動きです。その動きによって、私たちはゴールに向かって波線を描きながら進むことになります。

表面的には、ただ無目的に動いているだけに見えますが、エネルギーは次第に加速し、最終的にワープして驚くような未来に行けるのです。

情報空間について学ぶために、Ｈａｓｕｍｉ氏の連続講座を受けたときのことです。なぜか開催地は、東京や大阪、京都など各地に及びました。しかも、Ｈａｓｕｍｉ氏は「金沢の料理屋さんがおすすめです」「いま名古屋で上映しているこの映画はいいですよ」など、私たちを移動させる情報をどんどん紹介するのです。あとで聞くと、そうすることによって、情報空間上で大きな変化を起こそうと意図したとのこと。

参加者は全国を飛び回ることになりましたが、みな望んでいた成果を挙げることができました。

正直な話、ときには「それだけのために、その街まで行くの？」と思うこともありました。しかし、その情報を素直に実践した人ほど目覚ましい変化を遂げたのです。

なかでも整体師Ｊさんは、大躍進をしたひとりです。受講していた1年半の間に、年商３０００万円から、なんと10億円まで跳ね上がりました。奇跡的な結果を出せた理由を聞いてみると、事業をグループ化し、多くの人を雇用してビジネスを展開したとのこと。

動いていると、いつもは会えない人や思いがけない情報と出会い、思わぬ発想やひらめきが生まれます。そんな変化が、人生を開いていくのです。

ひらめきを行動に移すと、豊かさのルートが開く

ただし、ノリよく動いているだけでお金が舞い込んでくるわけではありません。Jさんのように、ひらめきを行動に移し、実践していきましょう。

同時に、初期の動きで重要になるのが信用を築くこと。つまり、「種まき」をすることです。

たとえば、営業や販売の仕事をしているとしたら、自分の商品をよく理解して、その魅力を誠心誠意伝え、お客様に喜んでいただくのです。そうすると、そのお客様が新たなお客様を紹介してくださるようになります。

そして、その人がまた、次のお客様へ……という具合に、自分自身は動かなくても、新しい仕事、つまりお金へとつながっていきます。

他の職種や会社勤めであっても同じ。この人は信頼できると思われれば、周囲の評価が上がり、入ってくるお金もそれに連動して上がります。あるクライアントさん

は、「仕事をやらされている」という意識から、「お金は人がもってくる、この仕事で人に喜んでもらおう」という姿勢に変えたところ、月収が10万円も上がったそうです。

念のためですが、人がもってきてくれるのはお金や仕事とは限りません。

富を築くために必要な情報、出会いなど、人生を飛躍させるための種は、仕事仲間や友人知人、ときには、ただ一度出会った人がもってきてくれると考えてください。

そんな種がどんどんもたらされる秘訣《ひけつ》があります。

それは、**いまあなたがお金を得ている方法以外にも、収入源はたくさんあると気づくことです。**自営業なら自分の商品やサービス、サラリーマンなら給与の他にも収入があるのが普通だという意識をもちましょう。

たとえば、副業を始めてもいいですし、株や不動産などの投資を始めてもいいでしょう。そういった視点で過ごすと、豊かさへのルートがどんどん開けていきます。

新しい発想をもって動いていると、その動きが情報空間を活性化させ、思わぬ奇跡をもたらします。あなたが楽しめば楽しむほど、人が勝手にお金やお金を生む話を運んでくれるようになるのです。

富豪を〝完コピ〟して情報空間を書き換える

モナコ滞在中、Kさんからよく言われたのは、「富豪を〝完コピ〟（完全にコピー）してください」ということでした。

そして、一番身近にいるKさんの動きや目線の配り方、人と話すときの所作などを見て、そっくりそのまま真似《まね》るように言われ、さまざまな助言をもらいました。

まず教えられたのは、立ち方です。Kさんをはじめとして、富豪はつねに背筋がピシッと伸び、胸を張って堂々としています。

「姿勢をよくするには、背中に重心を置くこと。見えないバックパックを背負っていると思ってください」

このアドバイスを実践してみると、自然に目線が上を向き、自信も湧いてきました。

富豪たちは、人と挨拶するときも、そのよい姿勢を崩しません。日本人のように何度も頭を下げたりせず、軽く会釈をする程度です。サラリーマン生活が長かったこともあって、つい深々と頭を下げる私を見て、Kさんはこう言いました。

「そのお辞儀は欧米では卑屈に見えるし、富豪は絶対にやりません」

「軽い会釈でいいんです」

「挨拶で交わす握手も大事。握り方が弱々しいと自信なさげに見えるし、強すぎるとケンカを売っているのかと思われる。ちょうどいい圧力を覚えてください」

私は素直に、Kさんの助言を聞き、身のこなしを変えていきました。

そして1年近くたった頃、「エドワードさん、実際の資産額は別として、立ち居振る舞いは、もう富豪ですね」と言われたのです。

情報空間に「富豪」の刻印が押された瞬間として、そのときのことはいまも鮮明に覚えています。

余談ですが、富豪たちの手は例外なくふかふかしています。筋肉隆々の男性でも、握手してみると意外なほど柔らかいのです。モナコに行くようになって、私も「手が柔らかいですね」と言われることが増えました。また、「姿勢がいいですね」ともよく言われます。意識や行動の変化は、確実に外見や肉体の変化を引き起こし、また現実を変えていくのです。

姿勢をよくするには、背中に重心を置くこと。
見えないバックパックを
背負っていると思ってください。

密教の秘伝「白毫道心」で見えない情報を受け取る

モナコの大富豪Kさんの一挙手一投足をコピーするのは、簡単ではありませんでした。特に食事のときには、ふだんの習慣が出てしまうものです。ある日、朝食の席についた私は、つい何気なくオレンジジュースを口にしました。

すると、それを見ていたKさんから、さっそくこう指摘されたのです。

「エドワードさん、いまの行動は私と同じではありませんでしたね」

あっと思ってKさんを見ると、その手にはクロワッサンがありました。

「そこまで厳しくしなくていいのでは？」と思うかもしれません。しかし完コピするとは、24時間気を抜くことなく相手を観察し真似ること。

その立ち居振る舞いや姿勢、会話のリズムなどを自分のものとし、外側を変えることで、相手の情報を自分自身の情報空間に書き込んでいくということです。

Kさんはその大切さを知っているからこそ、指摘してくれたのでしょう。

もちろん、クロワッサンを先に食べたからといって、富豪になれるわけではありません。しかし富豪を忠実に真似るとは、情報空間の上では、相手のエネルギーを丁寧にトレースしていることになるのです。そしてそれは、**言語では伝え切れない無形の情報を受け取っているのと同じ**なのです。

密教には「風景伝授」という考え方があります。経典や文献に書き記されていない教えや技をイメージで送信して、感覚的に師匠から弟子に伝える方法です。

「白毫道心《びゃくごうどうしん》」とも呼ばれ、空海の時代からおこなわれてきました。

具体的には、額の中央にある白毫というエネルギースポットから師匠が悟りについての情報を送り、向かい合って座った弟子がそれを受け取ります。いまでいうテレパシーで教えを伝授しているわけです。モナコではKさんと空間を共有し、その行動を真似することで、ある意味、この白毫道心が起きていたのかもしれません。

あなたも、ロールモデルとなる人がいたら、たとえささいなことであったとしても見逃さず、徹底して真似てみましょう。その姿勢が小さな変化となり、のちに大きな変化につながります。

「世のため人のため」が先祖の格を上げる

　ここまで外面的な行動について見てきました。では、内面をどのように整えるとお金の巡りが整っていくでしょう。

　安定した財運をもつ皆さんに共通しているのが、先祖が喜ぶ生き方をしているということです。

　それは、先祖への感謝を忘れない生き方です。

　先祖へ感謝している方は、日頃から先祖に手を合わせる習慣があります。お彼岸やお盆のお墓参りも欠かしません。すると祈りがあの世へ届いて、先祖の格が上がります。その結果、子孫である私たちを守る力も増していくのです。

　たしかに、資産家のクライアントや経営者など、経済的に安定している方たちに聞いてみるとたいてい折々のお墓参りや墓地の掃除を欠かさないとおっしゃいます。また、セッションで情報空間を拝見すると、その方を守る先祖の存在を強く感じます。

次に先祖がうれしいと感じるのが、世のため人のためを思い、人様への親切を実行する生き方です。

子孫がこの世で人助けをしたり、仕事や地域で活躍したりすると先祖は喜び、格が上がります。そして私たちもよりバージョンアップした力で守られ、子孫の格も上がるのです。つまりお互いに影響を与えながら、格を上げていくというわけです。

「世のため人のため」に行動するといっても、特別なことをする必要はありません。自分にできる範囲で、人に親切にしたり周囲のために行動したりしていきましょう。日頃から「家族や周囲の人が喜ぶか」「自分が接する人に気持ちよく思ってもらえるか」を基準に行動するのです。そうすると自然に、先祖が喜ぶ生き方ができるでしょう。

参考までにいうと先祖が残念に思う生き方は、次の通りです。

自分さえよければいいと考える。人に何かをしてもらおうとする「クレクレ星人」になっている。人のために動くのは面倒だと感じる……。ドキッとした人も大丈夫。いまこの瞬間から先祖が喜ぶ生き方を意識し、情報空間を整えはじめましょう。

情報空間に問いを放つ。するとが答えが返ってくる

人への親切は、いつでも実践できます。

たとえば町中であれば、建物に出入りするとき、後ろの人のために少しドアを押さえる。子連れのお母さんのベビーカーを階段で持ってあげる。お年寄りや障害のある方に手を貸す。日常的には、友人や仕事仲間に役立ちそうな情報を教えてあげる。仕事や作業をできる範囲で手伝う。飲み会や旅行の幹事を買って出る。ちょっとした手土産やプレゼントを贈る。

ただ、自分のことだけを考えていたり、漫然と過ごしたりしていると、人へ親切にする気遣いや余裕は生まれません。

「どうしたら、人に喜んでもらえるだろう」「世の中の役に立つために、自分には何ができるだろう」という問いをつねにもっておきましょう。

すると情報空間にその問いが放たれ、答えが返ってきます。無理のない範囲でいい

ので、それを丁寧にキャッチし実践していくのです。
そうすれば、おのずと先祖が喜ぶ生き方ができるでしょう。

先祖が喜ぶのは、これみよがしなおせっかいや、あからさまな善行ではありません。たとえば、コンビニの店員さんに気持ちよくお礼を言う。誰も見ていないところで落ちているゴミを拾う。このように、ちょっとしたシーンでさりげなく相手や社会に貢献しようとする姿勢を先祖は好ましく見ています。

しかし、日々バタバタと雑に過ごしていると、なかなかそれができません。人に対する気配りや配慮をする感性が鈍ってしまうからです。

人を押しのけて我先にと電車に乗り込んだり、お店の人にぞんざいな物言いをしたりといった残念な態度を取る人は、自分に余裕がなく感性が衰えているのでしょう。

問いをもち、その答えに沿った行動を積み重ねると情報空間が整い、少しずつお金の巡りがよくなります。

そして思いがけないタイミングで勢いよく動きはじめるのです。

情報空間が変わりはじめた「小さな変化」を見逃さない

毎日を丁寧に過ごすことも、現実を豊かに整えていくための基本となります。

わずかな差を見逃さない観察力やちょっとした変化をキャッチする感性が、人生にお金を呼び込むのです。

特に、情報空間を変えようと動きはじめたときは、この丁寧さが欠かせません。

情報空間が変わりはじめたことを教えるフィードバックとして、最初に現実へと送られてくるのは、ほんのわずかな変化だからです。

その小さな変化を丁寧にとらえて喜ぶと、次の変化が早く訪れます。そしてそれが積み重なって、大きな変化、ひいては奇跡へとつながっていきます。

逆に、最初のちょっとした出来事やサインを見逃すと、流れはそこで止まります。

結局、ささいな変化や「うっすらとしたいいこと」に気づいて喜ぶ感性が、飛躍の決め手となるのです。

しかし、刺激的な映像や音楽、ゲームなどが大量に出回る現代。私たちは強い刺激に慣れています。感情を大きく揺さぶることや劇的な出来事がないと、「変化」や「進歩」だとなかなか認められません。だからこそ丁寧に日常を見て、情報空間が変わりはじめた兆しをキャッチする必要があるのです。

小さな変化の例をご紹介しておきましょう。この本の情報を実践すると、まず次のようなことが起こるでしょう。

気持ちが明るくなる、体がポカポカする、姿勢や目線が変わる、小銭を拾う、お土産などのいただきものが増える、鳥の声がよく聞こえる、いい情報がやってくる、乗り継ぎがよくなる、人から親切にされる……。

これらはほんの一部ですが、日常でこのようなささやかな「いいこと」が起こりはじめたら、情報空間が変わりはじめた証拠です。感性を磨いてその「証拠」を見つけていきましょう。それだけで終わらせず、ぜひノートや手帳に細かく書き留めてください。**フィードバックを記録することで情報空間が活性化し、変化が加速します。**そして次第に「いいこと」のレベルが高くなり、青天井で運が上がっていくのです。

何も起こらないのは、無事に過ごせている証拠

フィードバックとはそもそも何か。改めて説明すると、情報空間が整いはじめた証拠として送られてくる五感の変化や物理的変化などを指します。

繰り返しになりますが、ほんのわずかな感覚や現象の変化というフィードバックを丁寧に感じ取って記録すると情報空間が反応し、次のフィードバックがやってきます。それを繰り返すと、ある瞬間に奇跡のような流れが、怒濤《どとう》のごとく起きはじめるわけです。

しかし一生懸命に行動して、ちょっとした変化も見逃さないよう気をつけているのに、なかなかフィードバックをキャッチできない。そういったケースもあります。

それは、過去の出来事や「いま不足しているもの」にフォーカスしているときです。どんなに熱心に動いてアンテナを張り巡らせていても、頭のなかが過去への後悔や執着、現実への不満で占められていたら情報空間からのサインは受け取れません。

過去ではなく「望む未来」へ。

「足りないもの」ではなく「いま与えられているもの」へ意識を向けましょう。そうすると、フィードバックに気づけます。

「最初は変化を感じたが、すぐに動きがストップしてしまった」という方が時折いらっしゃいますが、そういった方は大切なことを忘れています。

それは、何も起こらないのは、無事に過ごせている証拠だということです。

いまこの瞬間にも、飢えや戦争で苦しんでいる人がいます。また病気や事故で命を落とす人がいます。その世の中で何事もなく暮らせている。この事実に気づいて感謝することが、与えられているフィードバックを感じる力につながっていくのです。

いま無事であること自体、奇跡そのものであり、私たちが守られているということです。そこに気づき、いま与えられているものを感謝とともに受け取りましょう。

すると自分という器が大きくなります。

そして、小さな兆しをキャッチできるようになり、やがてくる奇跡を受け取る準備へとつながっていくでしょう。

奇跡を呼ぶ〝ブラックスワン〟に出会える場所

人生のステージが変わるような奇跡は、どのタイミングで人生に現れるでしょうか。それは今日かもしれませんし、明日かもしれません。気づかないうちに小さな変化が積み重なっていて、突然、奇跡の瞬間が訪れることはあるものです。

あるいは、奇跡が起きるのは半年後、2年後になるかもしれません。いずれにせよ、情報空間が書き換われば、必ず奇跡は現実のものとなります。

でも過ぎ去ったあとで、「あれが奇跡だったのに、うまく活《い》かせなかった」と悔やむのは避けたいものです。

奇跡は唐突に訪れ、唐突に去っていきます。「ふと始まり、ふと終わる」ともいえます。それを見逃さないためにも、微細な変化に気づく感性が必須なのです。

奇跡の不思議さは、ただ一度のほんのわずかな出来事で、すべてがガラッと変わってしまうところにあります。そんな奇跡はブラックスワン（黒鳥）にたとえられます。

オーストラリアでブラックスワンが発見されたのは、1697年のこと。それまで生物学では白鳥しか存在しないとされていました。しかし、1羽の〝黒い白鳥〟が発見されたことで既存の学説が一転。世界にブラックスワンという鳥が誕生したのです。**以来、たったひとつの事例の出現によってすべてが変わることを、「ブラックスワン」と呼ぶようになったそうです。**

どこに行けば、奇跡を起こすブラックスワンに出会えるのかと誰もが思うでしょう。しかし、ブラックスワンに出会いたいなら、いまいる安心安全な領域を一歩出なければなりません。

奇跡は、安心安全な領域を超えた不確実な領域に現れるからです。

人は本能的に安心安全な場所を求め、過去にやったことや慣れていることを好みます。でも、そこにとどまっていては、世界が一変するような出来事にはいつまでも遭遇できません。初めての経験や理解しづらい不確実な現象に出くわすのはリスクでもあります。しかしその状況を受け入れて楽しみましょう。

そうすれば、奇跡を呼ぶブラックスワンに出会えます。

奇跡を起こす〝ブラックスワン〟は、
いまいる場所にはいないのです。
安心安全な領域を超えた
「不確実な領域」に現れます。

余白があるところに、富はスッと入り込む

いつどこで起きるか予測できない奇跡を、どうしたら呼び込めるでしょう。

安心安全な領域から出るとお話ししましたが、もっと気軽にできるアプローチもあります。毎日に「余白」を作ればいいのです。

余白とは、日常の空白地帯。ホッと一息つく時間、何も決めず自由気ままに動く時間のことです。

人生に余白が生まれると、そこに豊かさをもたらす奇跡が吸い込まれていきます。

日頃忙しく働く私たちは、効率重視の世界で生きています。また、仕事であれプライベートであれ、ほぼ決まった範囲や規範のなかで行動しています。

そんな閉塞的な毎日では息が詰まり、ひらめきや創造性は衰える一方です。当然、情報空間にはいつまでも変化が起きません。

ですから日常に新しい風を呼び込むために、自分で余白を作るのです。

たとえば、カフェでゆっくりコーヒーを飲む、散歩に出かける、書店や生花店をのぞいてみる。そういった時間はランダム性が高いので、思わぬ出来事に遭遇したり、日頃得られない刺激を受けたりします。すると、新たな展開につながる発想がひらめいたり、予想しなかった縁から意外な展開に発展したりするのです。

ところで、イチロー選手の練習メニューは休憩時間も含めて、つねに完璧に決まっていたそうです。つまり、練習に余白はまったくなかったそうです。

しかし彼は、素晴らしい成績を残しました。それは、試合では事前に一切何も決めず、そのときの流れで勝負していたからだといいます。つまり、イチロー選手にとって試合はすべて余白。だから、自由にプレーし、能力を存分に発揮できたのです。

何も決めないという点では、人の誘いに気軽に乗ったり、気分のおもむくままにあちらこちらに足を運んだりするのも余白につながります。

また部屋やオフィスを片づければ、空間に物理的な余白が生まれます。

そんな余白に、富はスッと入り込むのです。

毎日に「余白」を作る。
また部屋やオフィスを片づけ、
空間に物理的な余白を作る。
そんな余白に、富はスッと入り込むのです。

富豪がやっている破格の富を呼ぶ思考法

モナコの大富豪Kさんはつねづね私に、こう教えてくれました。

「人生がうまくいかなくなったときこそ、本物であるかどうかが試されるんです」

「多額の資産があるのだから、お金に関しては思い通りになるのでは？」と思うかもしれませんが、富豪もけっこうつらいのです。というのも、入ってくる金額に比例して出ていく額も大きいからです。

たとえば、事業や不動産へ投資する際には、100億円単位のお金が一度に動くことがあります。それでも、パーティーやイベントなどでは、日本では考えられないレベルの費用を出さなければいけません。

一例を挙げると、有名なF1グランプリの特等席は友人知人の分も含めて1日1000万円以上。それを毎年1週間分確保しなければ、翌年のプラチナチケットは入手不可能です。そういったときは、富豪といえど資金繰りに余裕がなくなるのです。

その他にも、先行投資した事業が思わしい成果を挙げなかったり不動産価格が暴落したりするなど、想定外の出来事はいくらでも発生します。しかも彼らが陥るピンチの規模は、私たちとはレベルが違います。

それでも、彼らは「どうせうまくいく」という姿勢を崩しません。

それどころか、あてにしていたことが外れたときこそチャンスと意気込みます。**強運はピンチによって発動すると考えているからです。**

あてにしていたことが起こるのは「想定内」。あてが外れたとしても、そこから新たな問いを発して行動すれば、想定外の成功が手に入ると知っているのです。

その姿勢こそが、彼らが強運であるゆえんです。

強運の本質は、たとえダメージを受ける事態に陥っても、そこを起点にしてV字回復していけるかどうか。**失敗をきっかけに、より強くなり復活できるかどうかにあります。**そして破格の富を手にしている富豪はみな、その本質を備えています。

私たちも、逆境において知恵や人、資金、運を引き寄せたいなら「どうせうまくいく」と考え、行動し、情報空間を整えていけばいいのです。

強運な人はふと始めて、ふとやめることができる

「どうせうまくいく」という意識を情報空間に刻印したら、あとは「ふとやりたいと思うこと」や「ふと感じること」を大切にしていきましょう。

たとえば「いまお茶を飲みたいな」とふと思ったら、実際にお茶を飲む。あるいは「もう、この習慣をやめてもいいな」とふと感じたら、スッと手放す。

成功する強運な人、奇跡を起こせる人は、ふと始めて、ふとやめることができます。「ふと」は直感の声であり、**日常にはないランダム性、自在性があります。**だから、現実に新たな可能性を呼び込んでいくのです。

ときには、ふと感じることが常識とは逆のこともあるかもしれません。しかし、古い思い込みを捨てて実行すると、理想の環境へ移動しやすくなります。

たとえば、あなたが経営者だったとしたら、普通は、顧客を増やさなければと考えるでしょう。しかし、もし「ふと顧客を減らそう」と感じたとします。それは、情報

空間からのひらめきかもしれません。ですからいったん否定せず、いかに顧客を減らすかを考えてみるのです。すると一時的に顧客は減っても、そのことによってそれまで思ってもみなかった顧客増加、売上増加の知恵が出てきます。

自分の環境や思考を整え、情報空間とのつながりが強くなると、ふと行動することがためらいなくできるようになります。

すでにお話しした通り、変化の兆しも小さなサイン、言い換えれば、静かな〝揺らぎ〟として現れるので、ふと感じることを見逃さないようにしましょう。

たとえば何かを意図したあと、機械や電気器具が作動しはじめる音が聞こえてきたら、物事が動き出したよい兆候です。逆に、ものが割れる音や救急車などのサイレン音が聞こえたら、気を引き締めて過ごした方がいいでしょう。

また情報空間では、「少女は金運の象徴」とされています。**仕事中や、次の契約、企画などについて考えているときに、少女の話し声や笑い声が聞こえたら、金運上昇の兆候です。**日頃ふと感じる光や香りなど、繊細な感性でとらえれば、取り巻く変化はすべて未来への道標となっていきます。

夢中になると、「夢のなか」という結界に入れる

大成功するには、大成功している人たちなりの常識があります。

富豪たちの常識のひとつが、「楽しいこと、やりたいことを夢中になってやる」ということです。彼らの行動基準は「楽しいか、楽しくないか」「やりたいか、やりたくないか」だけ。そして行動するときは、それこそ夢中になります。

成功を手にしたいと思ったら、あなたも夢中になって好きなことをやりましょう。

夢中になるとは、現状のままで夢のなかという結界に入ることです。

夢中になると、現実はどうあれ、情報空間的には夢を実現した環境に入ります。そして、その環境によって守られます。

「楽しくてやりたいことを仕事にすれば成功する」とよくいわれますが、その理由は、そんな仕事を夢中でやれば、情報空間が夢のなかと同じ状態に整うからなのです。

たとえば、バイクを愛していてメカニックの仕事を楽しんでいるなら、その人の修理工場には依頼の行列ができるでしょう。お菓子作りが大好きで、夢中になって最高のスイーツを追求していたら、そのパティシエのお店は人気が出るはずです。料理、模型作り、食べ歩き、ワイン飲み比べ、スポーツ、占いなど何をしようと自由です。楽しくて、やりたいことだけに没頭している状態は、はたから見るとものすごく努力しているように見えます。でも当の本人は楽しくて夢中になっているだけで、努力しているとは思ってもいないものです。

「好きなことができるのは幸運な人だけ」「どうせ自分には才能がないからやったところで無駄」といった反発やあきらめを、情報空間では〝ノイズ〟と呼びます。ノイズの影響を受けて義務感や惰性から行動すると、残念ですが大成功は遠のきます。

異次元に成功している人はみな、好き嫌いがはっきりしています。

彼らが大成功したのは才能や経営手腕があったからではありません。「好きなことを夢中になってやる」という異次元の成功法則に従って行動したからです。

「儲《もう》かるか、稼げるか」よりも「楽しいか、夢中になるか」を基準にしましょう。お金を生み出す情報空間に整えていくための大事な問いです。

夢中になるとは、現状のままで
「夢のなか」という結界に入ること。
その結界によってあなたは守られます。

いまにいながらにして、未来を見に行く

開運書やビジネス書で、「年収を上げたければ、一流ホテルのラウンジでお茶したり、高級レストランで食事をしたりしなさい」というアドバイスを時折見かけます。さんざん聞いたことのあるアドバイスかもしれませんが、本気で実践した人はいますでしょうか？

じつは、情報空間の法則からいっても、このアドバイスは的を射ています。コンビニのコーヒーやチェーン店の丼ものも悪くはありませんが、その世界しか知らなければ、現状が変わることはありません。ここへ行きたいという未来があるのなら、その環境とはどのようなものかを見に行く。未来の豊かな自分が身を置きたい土地や空間に足を運ぶ。この行為が情報空間を書き換え、現実を変化させていきます。

私もモナコで、あこがれの場に身を置くことが人生を変えると実感しました。

モナコの中心街はとても美しく、オテル・ド・パリ・モンテカルロやカジノ・ド・モンテカルロ、カフェ・ド・パリ・モンテカルロなどが立ち並びます。通りを散策するひとときは、モナコの住人になったように感じさせてくれました。また、ヨーロッパの貴族や超一流の政財界人と会話したり、その立ち居振る舞いを間近に見たりした経験は、古い観念の枠を外し、年収を驚異的なスピードで上げてくれました。

一杯のコーヒーが数千円、ランチコースが数万円するような非日常な空間に身を置き、人々の態度や会話に触れ、彼らの価値観や基準を学んでください。そこに身を置き、いままで知らなかったことを知る。これが鍵です。

未来の住人になり切って優雅に過ごせば、情報空間はあなたの変化を察知し、新しい状態に整いはじめます。夢中になってこのプロセスを楽しみ尽くすとき、未来へと移動していきます。あなたの行きたい世界の住人が楽しむような、ハイレベルな知的刺激を自分に与えてあげましょう。

美術館や博物館、イベント、コンサートなど、これまで経験したことがない場所、知らなかったことを体験して、未来を垣間見《かいまみ》ましょう。その経験が、あなたを望む未来へと押し上げてくれます。

お金の巡りを整える富豪たちの食生活

富豪たちと接するなかで、彼らが求めてやまないものは潤沢な「お金」「友人」そして「健康」と「美しさ」だと感じました。

すでに十分な富を手にして、それを増やす方法を知っている彼らは交友関係を大事にするとともに、美と健康のための食生活をとても大切にしていました。

といっても、特別ぜいたくな食事をしているわけではありません。良質な素材のものを厳選して食べていました。

モナコの大富豪Kさんのある日を紹介しましょう。

朝食は、オレンジジュースとクロワッサンで軽く済ませ、午前7時頃から軽くランニング。その後、午前中はスポーツジムで水泳や筋トレをして、お昼はカフェでサラダランチ。だいたい午後2時頃からパーティーの支度を始め、早ければ午後4時には会場に行き、上質な肉料理をワインとともに楽しんで、午後11時頃帰宅。

お話ししたように、食材はすべて選び抜かれています。果汁100％のフレッシュジュース、地元で採れた無農薬野菜や果物。選び抜かれた肉や魚、卵など、どれも新鮮で安全性も高いものでした。加工品も大量生産品ではなく、丁寧に手作りされたものでした。食後はスイーツも食べますが、パティシエの手によるもので、スナック菓子や市販品を食べているところは見たことがありません。また、グルテンフリーやヴィーガン食を実践している方はいるものの、**Kさんをはじめとして、「肉食」が多いのも富豪の特徴でした。**

驚いたのが、あるレストランでステーキを注文したときです。グラム数を聞かれたので「200g」と答えたところ、Kさんは**「それじゃダメだよ。400gは食べなきゃ」**とおっしゃったのです。

Kさんによると、富豪たちがステーキをオーダーするときのスタンダードは、男女問わず400gとのこと。平均的な日本人は、とても食べ切れないと感じる量ですが、彼らは質のよい動物性タンパク質をとることを、とても重要視していました。

それには、富豪たちのある「常識」が関係していたのです。

筋肉量が落ちると、経済力も引き寄せ力も落ちる！

「筋肉量が落ちると経済力も落ちる。そして、動物性タンパク質こそが、人間の骨や筋肉を構成する」。これが、富豪たちの常識です。

「筋肉量とお金が関係あるなんて」と一瞬私は思いました。しかし、私が親しくしていた富豪たちがみながっつり肉を食べ、熱心に筋トレに取り組んでいるのを見ると、筋肉の量と経済力は連動しているのではないかと思わざるを得ないのでした。

彼らはスポーツジムにも通いますが、自宅に必ずトレーニングコーナーがあり、日々筋トレに励んでいます。お金の巡りを整えたければ、筋肉を鍛えるのはマストと知り、私も体作りにいそしむようになりました。ジムに通う時間がない人は、家でできる筋トレやスクワットなど、日常でおこなえる運動でも十分です。筋肉量アップを意識したメニューに取り組んでいきましょう。

筋肉は、縁結びにも役立ちます。人と人、人と物事のつながりを「縁起」といいますが、**この縁起を引き寄せる「重力」は筋肉を増やすことで増幅するのです。**

重力は「引き」という言葉にも置き換えられますが、引きが強いと、人も遊びも富も向こうから寄ってきます。**そして下半身を鍛えると、引きが強くなります。**

重力が増し、引きが強くなることで情報空間において、いい縁起が生まれ、収入が桁違いになっていくでしょう。

さらに、より早くステージアップしたいのであれば、体幹を鍛えましょう。

新しい環境へすばやく移動するには、いまの環境にしばられず、古い固定観念や思い込みを捨ててサッと移動できる「軸足」の確かさが必要です。運動によってブレないように体幹を鍛えると、機敏に動ける軸足の強さが培われます。

ただし、「ボチボチやろう」「条件がそろったら始めよう」といっていると、安心・安定・安全を求める現状維持の力が働きます。すると、新しい環境への移行が遅れかねません。ですから、ある程度のスピード感と持続力をもって筋トレに取り組みましょう。望む未来に移動するタイミングが来たらすばやく動ける決断力や行動力も、足腰を鍛えることでついていきます。

お金の巡りを整えたければ、
筋肉を鍛えるのはマスト。
さらに、縁起を引き寄せる「重力」は
筋肉を増やすことで増幅するのです。

金運アップをしたい人には「お通じがよくなる技」をかける

個人セッションで金運アップを望む方に、私は必ずある技をかけています。

それは腸内環境が整い、お通じがよくなる技です。

「なぜ？」と思うかもしれませんが、お金に恵まれたいのなら、まずは腸活です。

じつは、金運や経済力と腸の状態は連動しているのです。私がこれまで見てきたところ、**富豪はもちろん、資産家や高収入の方に便秘の人はひとりもいませんでした。**

では、技をかけた方たちがどうなったかというと、お通じがよくなるとともにお給料がアップしたり、派遣から社員へと取り立てられたり、臨時収入が入ったりしていきました。また、会社で自分だけ給料が数万円上がったという人もいました。

ちょっと驚きですが、なかには「1日4回もお通じが来るようになった」とおっしゃる方が少なくありません。「長年下剤が必要だったのに、下剤なしで1日4回もあるなんて」と目を丸くする方もいます。

日本の心身医学、心療内科の基礎を築いた池見酉次郎博士によると、本来、人のお通じは1日4回が普通だが、さまざまな理由で滞っているとのこと。その状態が自然な姿に戻ると、体の巡りが整ってエネルギーが循環しはじめ、それにつれて金運も上がっていくのです。

健康面からいえば、そもそも便は体を冷やします。腸に長い時間とどまっていると、水がお腹《なか》に溜《た》まっているのと同じだと思ってください。便秘気味の人は、特に意識して、食物繊維の多いものや発酵食品を食べる、運動をするなどの腸活を心がけていきましょう。冷え性の方は、お通じがよくなると体温が上がり、体がポカポカしてくるでしょう。男性は、お小水のときでも便座に座るようにすると、腸が刺激されるので便通がよくなります。

トイレは大小問わずがまんせず、こまめに行くことも大切です。富豪たちも、他の行動と同じように「ふと」トイレに行きたくなったらすぐ席を立っていました。忙しかったりトイレが遠かったりすると、ついがまんしてしまいがちですが、その分、お金も遠のくと思ってください。腸の巡りがよくなれば、体調もお金の巡りも整います。一石二鳥のアプローチです。

財布と金運はまったく関係がありません

「どんな財布を持つと、金運が上がりますか？」

「お金が入ってくる財布を教えてください」

セミナーやセッションなどで、とにかくよく尋ねられる質問です。

結論からお話しすると、財布と金運は関係ありません。

情報空間の理論では、お金に恵まれたかったら、お金そのものを丁寧に扱えばいいのです。それ以上でも、それ以下でもありません。

誤解しないでいただきたいのですが、財布にこだわらなくていいとはいっても、ボロボロでいいといっているわけではありません。お金を丁寧に扱うということは、その入れ物であるお財布を大事に扱うこと。色やブランド、値段は関係ないので、自分自身が使っていて気持ちよく、またお金がきちんと整った状態で収まる財布を選びましょう。

そして中身のお札は金額別に分け、どの方向でもかまわないので向きをそろえます。角が折れたお札やしわくちゃのお札を、そのまま財布にねじ込むのは問題外です。出し入れする際にも雑な扱いはやめましょう。

ときどき、お会計の際にレジでお札をパッと投げ出すように置く人やコインをバラッと放り出す人がいます。そうやってお金をぞんざいに扱う人は、情報空間にその態度が刻印されます。

刻印されるのは、その人がお金を大切に思っていないという情報です。その情報が現実に反映されたとき、お金が寄ってくるかどうか。答えは、わかり切っているでしょう。

モナコへ行って初めて知ったのですが、**そもそも富豪たちは、パーティーの際、カードケースは持ち歩くものの財布そのものを持っていません**。チップ用に、マネークリップにお札をはさんで持ち歩くか、数枚のお札を折りたたんでポケットに入れているだけです。しかし、お金を雑に扱っている人を見たことはありません。このことからも、お金を丁寧に扱うことの大切さがわかっていただけるでしょう。

つれづれエッセイ 2

モナコの富豪とＵＦＯ、そして夢の実現

「クラリネットが吹ける人を知らないか」

コンサルタント仲間に、アンティークコインのオークションに誘われ、行った先で世間話をしていたところこう聞かれました。あるチャリティコンサートでクラリネット奏者が出られなくなり困っているとのこと。

じつは私は学生時代、吹奏楽部でクラリネットを担当していました。

そう言うと、「ぜひ出てほしい」とのこと。そう言うならと快諾しました。「助かった！」と誘ってくれた彼は喜び、そのあと衝撃の後出し情報を言ったのです。

「じつは、会場がモナコなんです」

しかも旅費は自腹。そのうえ、出演者も参加費を払う必要があるとのこと。

計算すると、60万円ほどの出費になります。

そこで断ることもできたのですが、私は参加することにしました。

というのも、そのコンサートは東日本大震災支援が目的だったからです。

遠いモナコで支援のために動いてくれているのに、日本人である自分が協力しないわけにはいかない。そう思ったのでした。


その地で、出会ったのが大富豪Kさんでした。

いきさつはのちほどお話ししますが、Kさんの誘いでコンサート終了後、私はひとりだけモナコに残り2週間ほど滞在しました。

以後、パンデミックが始まるまでの2年間、数か月単位の滞在を何度も繰り返し、**Kさんから富豪の生き方、お金の扱い方、人生の切り開き方を学んでいったのです。**

日本で富裕層の顧客とのつきあいには慣れていましたが、Kさんは、私が人生で初めて会った正真正銘の大富豪でした。

まだ40代でありながら、プライベートバンクに預金があり、高級クラシックカーのレンタルビジネスの他、ヴィンテージワインや不動産の投資などを手掛けています。

一代でその資産を築いたKさんとの毎日は、非日常の連続でした。

まず、それまで映画のなかの世界だと思っていたヨーロッパの社交界での交流です。王族や貴族、有名財閥のトップ、各界の著名人たちの洗練された立ち居振る舞いや会話から多くを学びました。**そのなかには、世界的な秘密結社のメンバーも複数いて、日本では知り得ない情報を聞くこともできました。**

また、マンツーマンでおこなわれたKさんの指導で、それまで無意識にもっていたお金の小さな枠組みが壊れ、情報空間がガラッと書き換わる経験を幾度も味わうことになりました。

なかでも、意識をシフトさせた出来事として記憶に残っているのが、**「UFOとの遭遇」**です。

ある日、Kさんたちとプールサイドでくつろいでいると、突然、空中にUFOが現れたのです。そのUFOは、プールの上空10メートルくらいの位置で数分間ホバリングしたあと、スッと消えました。

初めて経験する超常的な現象に私は驚きましたが、Kさんは「こっちの様子を観察しに来たのかな」と平然としています。

富豪たちにとって「UFOとの遭遇」は日常のひとコマ。

しかも、地球外知的生命体（彼らは宇宙人をこう呼びます）からメッセージを受け取るのは普通とのこと。**むしろ、地球外知的生命体とコミュニケーションがなければ、世界レベルのビジネスはむずかしいとさえいわれている**とKさんは教えてくれました。

富豪とUFOの関係について、真偽のほどは私の預かり知らない部分です。しかし、古い常識や固定観念を覆すには十分すぎる出来事でした。

ちなみに、あわてて写真を何枚も撮ったのですが、あとで確認すると何も写っていませんでした。

「Kさんのような人生を変えるキーパーソンと出会うには、どうすればいいでしょうか」。ときどきこんな質問をされます。そこで、Kさんとの出会い、こうやって本を著すまでになった発端についてお話ししておきましょう。

それは、**ある「秘伝」を実践したことに始まります。**

その秘伝が書かれていたのは、Qさんこと石田久二さんの著書『夢がかなうとき、「なに」が起こっているのか？』（サンマーク出版刊）です。その本に、「3つの願いを100日間書くとかなう」という秘伝が紹介され、専用の小冊子がついていたのです。

私はその小冊子に3つの夢を書きました。

「1、日本への貢献　2、社会貢献財団の設立　3、プライベートバンクの設立」

まず、日本全体に対して貢献すること。それに付随して、皇族の方々をサポートする仕事がしたいということです。その手段として、社会貢献財団とプライベートバンクのふたつを設立したいと考えていました。

この3つの願いを、私は100日間書きつづけました。着実に現実が変化する実感を得ながら、私はこの「秘伝」を1年1回ペースで3回繰り返しました。

そして、書きはじめてちょうど1000日あたりに、モナコに行くことが決定したのです。モナコでは、ロイヤルファミリーと交流する機会にも恵まれ、貴重な体験をすることができました。

Kさんが私にだけ特別に声をかけてくれたのは、コンサート翌日のランチ会がきっかけです。ある人から「あなたの夢は何ですか」と尋ねられ、私はすぐに3つの夢を答えました。

すると、それを聞いていたKさんが、「志は立派だけれど、いまのペースでは気が遠くなる時間がかかるはず。**もっとお金が入ってくるための立ち居振る舞いや考え方を学び、〝器〟を作る必要がある。**私についてしばらく学んでみないか」と誘ってくれたのでした。

あとで聞いてみると、**「よどみなく夢を語った姿を見て、感じるところがあった」**と話してくれました。

愚直に夢を書きつづけたからこそ、あのとき即答できたのだと思います。

夢を紙に書くと、情報空間に刻印することになります。すると情報空間は、刻印された夢が実現するまで動きつづけるのです。

夢を書くことは、自分自身への意識づけにもつながります。

足軽の子から天下人まで駆け上った豊臣秀吉は夢を断言し、大風呂敷を広げまくったと伝えられています。

実現したい夢を紙に書き、断言すると実現に向かって動き出し、現状とはまったくかけ離れたところに行けるのだと、私はこれまでの経験から体感しています。

まだ道半ばですが、大きな志を胸に「夢中」になって進んでいるところです。

3章 時の整え

「宇宙の玄関」が大きく開く時間で願いをかなえる

人生を迅速に整えていくために、誰でも活用できるもの。それが、「時間」です。**情報空間の働きは、時間の流れや天体の動きと連動しています。**その性質を上手に利用すると、物事の展開が驚くほど早くなっていくのです。

エネルギーの動きは、1年、1か月、1日などのサイクルで変わる性質があります。安倍晴明や空海は、それらの性質を研究し尽くし、上手に活用していました。

そのなかには、非常に緻密な計算と準備を要する高度な技もありましたが、特別な能力や準備がなくてもできる技があります。しかも少しだけ早起きすれば、毎日誰でもできる方法です。

技をおこなう時間は、朝の4時～5時。1日のゴールデンタイムといってもいいその時間は、昔「寅《とら》の刻」と呼ばれていました。正式には「丑寅《うしとら》の刻」(午前1時～5時頃)のなかの一部で、**「宇宙の玄関」がもっとも大きく開くと考えられていました。**

宇宙、つまり見えない世界との扉が開くのですから、鬼やもののけ、あの世の霊など「人ならざる者」が、こちら側に来やすくなります。安倍晴明は、この丑寅の刻を使ってそんな存在を退治したといいます。しかし、見えない世界と行き来しやすいということは、人の願いをかなえる神々とのつながりも強くなる時間。私たちの思いも届きやすく、情報空間が書き換わりやすい時間でもあるのです。

ただし、午前1時〜4時頃までは、邪悪な者たちの力が強い時間ですから、できれば寝ているのが無難です。

願いがもっとも届きやすくなるパワフルな時間は、午前4時〜5時頃。この時間帯に、自分の願いを天に向かって宣言しましょう。

それだけで「時の力」が発動し、現実化へと動きはじめます。

2022年3月1日、午前4時半頃、私は「本日より、有料セッションを開始します。私のセッションを必要とする方々が行列を作ってやってこられます」と宣言しました。するとその日のうちに、4件のお問い合わせが入ったのです。

自分ひとりで宣言しただけなのに、立てつづけに反応があって本当に驚きました。

さっそく次のページでやり方をお教えしましょう。

早朝は神の叡智がやってくる

やり方はシンプルで、**天に向かって自分の目標やかなえたい夢を宣言するだけです。**

ただしその前に、窓を開けて清明な気を部屋に取り入れましょう。立地の関係で窓が大きく開けられない場合は、ほんの数センチ開けるだけでもかまいません。

次に、自分の願いを口に出して宣言します。「○○しますように」と〝お願い〟するのではなく、「○○します」「○○しました」と言い切りましょう。

受験生であれば「○○大学○○学部を卒業しました」、ビジネスをやっている方なら「今期は、年商5億円を超えました」など、具体的な情報を入れると、より克明な情報が届きます。

技の効果はフィードバックとして現実世界に必ず現れます。2章でお話ししたように、そのかすかな揺らぎをとらえて行動していきましょう。

「寅の刻」の午前4時～5時頃には、こちら側の意図が届きやすくなるだけでなく、

神の叡智《えいち》もこちら側にやってきます。宇宙の知恵がもっとも勢いよく流れ込んでくる時間であるので、その清浄な気に触れながら、ぜひ自分の目標に進むために活用してください。

たとえば、小説家になりたいなら、1行でもいいから作品を書いてみる。仕事で成功したいなら、書類作成の時間にあてる。カフェを開くという夢があるのなら、店舗経営の勉強をしたり、ネットで物件探しをしたりする。そういったアクションと時間の働きが相乗効果を生んで情報空間を書き換え、現実を大きく動かして理想の状態に整えていきます。

午前6時以降は、朝食や朝の支度であわただしい時間が始まるかと思いますが、1日のスタートですから、取り入れる情報は吟味してください。テレビの情報番組は、芸能ゴシップや事件報道などを繰り返し流す傾向があるので、雑多な情報が流れ込んできてしまいます。もし視聴する場合は、**無自覚に観《み》るのではなく、話題作りや社会情勢のリサーチなどの目的を意識しましょう。**できれば情報は、新聞から得るのがおすすめです。活字の情報は意識に残りやすく、脳の活性化にも役立ちます。

「寅の刻」午前4時〜5時頃は、
神の叡智が流れ込んでくる時間。
天に向かって自分の夢を宣言しましょう。

夕方以降は自分の世界を汚す「蟲」を入れない

睡眠前も、情報空間にアクセスしやすくなる重要な時間です。

この時間帯をどう過ごし、どんな情報を取り入れるかで人生でもたらされる豊かさが変わるといっていいでしょう。

夜は美しいものだけを観たり聴いたりするのが、情報空間を整えるための理想的な過ごし方です。たとえば、優雅なクラシック音楽を聴く、きれいな自然や町並み、オペラなどの映像を見る、お気に入りの画集や写真集をめくる……などして過ごしましょう。すると、その優雅な世界観や上質なエネルギーが情報空間に流れ込み、人生に反映されていきます。

絶対にNGなのが、ニュースやSNSを見て過ごすこと。

社会の動向や最新ニュースがどうしても気になるというのなら、昼間にチェックするのはかまいません。しかし、**夕方以降のニュース番組はシャットアウトしましょう。**

ここはあえて厳しい書き方をしますが、テレビニュースから流れてくる情報に、有益なものは一切ないといっていいでしょう。テレビでは戦争や事件事故、災害、政治など、最新の情報が流れているように見えます。しかし本質的な部分は、何十年前と変わっていません。犯罪にしろ政界のもめごとにしろ、昔から繰り返されている出来事ばかりです。

前にお話しした通り、富豪たちはテレビをほとんどつけません。スポーツ中継やエンタメなど気に入った番組を観ることはありますが、ニュースは完全スルー。そもそもテレビの報道は情報操作されているので、観るのは時間の無駄と考えています。

またSNSのチェックも夜は控えましょう。大切な就寝前に、他人の食事の記録や自分とは関係ない人たちの中傷合戦を見ても、人生をよくするために1ミリも役立ちません。もっといえば、貴重な時間を汚染していることにもなります。

安倍晴明は、自分の世界を汚す人を「蟲《むし》」と呼び、排除しました。

これもまた手厳しい表現ですね。しかし、彼はその影響力を知っていたからこそ、自分の世界に取り入れる情報やエネルギーを厳密に管理したのです。

睡眠時間を美しく整える

夜、もっとも重要なのは寝る直前。ベッドに入る前です。

ウトウトしはじめたときの人間の意識は、トランス状態に入ります。

その時間帯に最高の環境を整えられたら、翌日起きたときに、望む現実へと一歩近づいているといってもいいでしょう。

そのためにも、寝具は天然素材のシルクやコットンがおすすめです。特に、シルクには安眠効果もあり、次の日の寝覚めが変わります。シルクは高級品なのでなかなか手が出ないという方は、枕カバーやヘアキャップなどを変えるだけでもいいでしょう。

素材がよくても、汚れやほつれがあったら、その乱れた情報は寝ている間ずっと影響を与えます。1日のなかでも情報空間が書き換わりやすい睡眠時間は、清潔で肌触りがよく、心地よい布団やパジャマで過ごしましょう。

ただし、いくら寝具を上質なものにしても、スマートフォンを枕元に置いて寝たのでは台無しです。もちろん、布団に入ってからのSNSチェックも禁物です。**スマートフォンは、ありとあらゆる情報の玄関口。**それを枕元に置いたままにしていると、どうなるでしょう。寝ている間じゅう、何百万、何千万もの人が頭のそばを横切っているのと同じことになります。

好きなアーティストや尊敬する著名人だけが通り過ぎてくれるのなら、まだいいかもしれません。しかし情報空間では、世界中の種々雑多な人がザッザッと歩いているのと同じです。当然、その邪気も受けまくってしまうわけです。運気は確実に下がっていくでしょう。

そもそもスマートフォンは、寝室には持ち込まないようにしましょう。ワンルームに住む人は電源を切り、なるべく布団からは離れたところに置いてください。

睡眠中は脳を休ませ、エネルギーチャージをする大切な時間です。

途中で寝てもいいようにタイマーをセットして、クラシック音楽などの美しいBGMをかけながら眠りにつくと翌日、最高の朝が訪れ、最高の1日が始まります。

ウトウトしはじめたときは、トランス状態。
その時間帯に最高の環境を整えたら、
翌日から、望む現実へと一歩近づくことでしょう。

天空が動き出す闇夜に願いを書く

月に一度訪れる新月は、完全に月が隠れる闇夜。

この新月は、情報空間に願いを刻印する絶好のチャンスです。

新月は、エネルギー的に見ると「無」であり、「ゼロ」の状態です。

物事はすべて、ゼロからスタートします。ですから、ふたたびエネルギーが満ちる満月に向かって**天空が動き出すこの日は、特別なパワーをもっています。**これからやりたいこと、かなえたい夢を宣言するのにこれほど最適な日はありません。

この日、自分の思いを情報空間に刻めば、新月から満月に向かう宇宙の流れに乗れるのです。


これまでお話ししてきた通り、現実世界で私たちが表現することは、すべて宇宙という情報空間に刻印を打つ行為。宇宙はその刻印を実現しようと動き出すので、願いを宣言したり書いたりすると、その通りにかなっていきます。

逆にいえば、先に自分の願いを宇宙に刻まなければ、宇宙にはなんの変化も起こりません。**つまり、心のなかで単に思っているだけでは、願いはいつまでもかなわないのです。だから口に出して宣言したり、紙に書いたりすることが大切です。**そして、自分から放った思いが宇宙の流れにもっとも効果的に乗るのが新月の夜なのです。

でもときどき、「新月に願いを書いたのにかなわない」という声を耳にします。それはなぜでしょうか。その理由は、刻印を一度打ったにもかかわらず、それがかなうと信じていないから。本当にかなうのかどうか、疑ってしまうからです。

たとえば新月の願いを放ったあとに、「かなうかな。やっぱり無理かも」と心のなかで呟《つぶや》いたとします。それは、宇宙に刻印を打ち直していることになるのです。

また刻印を打ったあと、願いの実現に向けて宇宙からフィードバックやサインが来ているのに、それを見過ごしていたら現実は進展していきません。

情報空間からのフィードバックには、ささやかなものや願いとは一見関係ないようなご縁や出来事も多々あります。それを見逃さず、タイムリーに行動すれば必ず願いはかなうのです。

新月は、天空が動き出す
特別なパワーがある日。
自分の願いを宇宙に刻印しましょう。

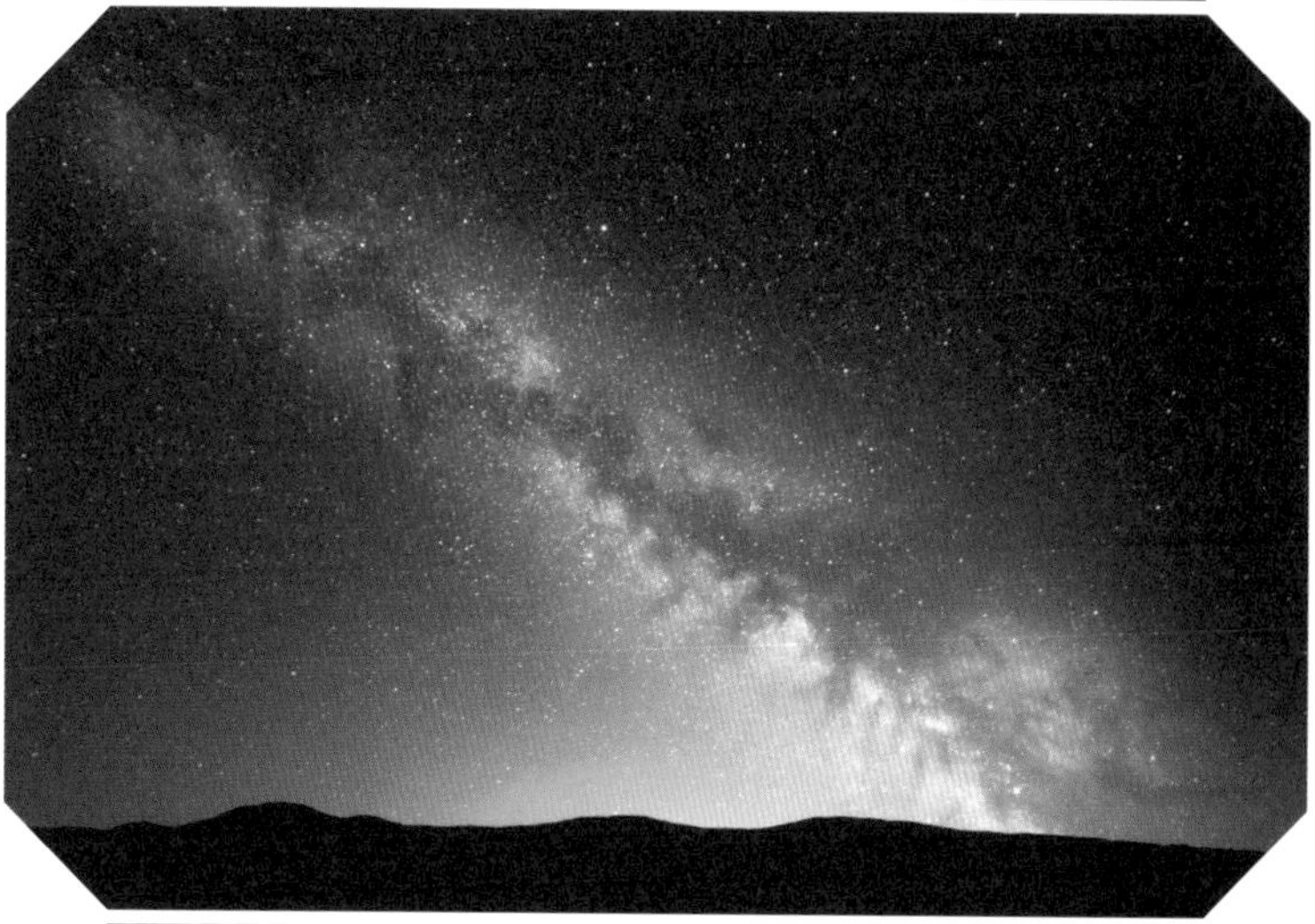

夕日を眺めることは、最強の金運アップ

あなたには朝日や夕日を眺める習慣があるでしょうか。

日常に忙殺されていると、空を見上げることなく一日が終わってしまったということもあるものです。特に忙しい朝夕の時間帯は、のんびり空を見ている時間などないというのが正直なところかもしれません。

しかし、運気を整えてバージョンアップさせるために、毎日宇宙が与えてくれるこのスペシャルなタイミングを利用しない手はありません。

1日の始まりに太陽が昇って大地を照らすと、暗い夜から明るい昼間へとダイナミックに地球のエネルギーが動いていきます。

朝日を浴びると、そのパワーを取り込めるので、運がまんべんなく上がります。

また太陽の光には、幸せホルモンと呼ばれるセロトニンの分泌を上げる働きがあります。気分が落ち込む朝、通勤途中でふと太陽を見上げて気持ちが明るくなった経験

をした人もいるかもしれません。

そもそも丸い太陽は、風水的に豊かさの象徴としてとらえられています。夕刻、太陽が金運アップにつながる西の方角に沈むと、そのパワーが倍増します。しかも夕日は、金運を表す黄金色です。さらに、夕日が沈む午後5時から7時頃は金運上昇の時間帯なので、時間の力も合わせて作用します。

このように、夕日は金運にまつわる要素をいくつも併せもっています。そんな夕日を眺めるのは、幾重にも折り重なった金運を自分自身の運気に取り込んでいることになるのです。

だから夕日を眺めると、財産をもたらす運気が強くなるというわけです。

そもそも、この地球で生きる人間をはじめ、すべての生き物は太陽なくして存在できません。世界中の宗教や民族が太陽を神として敬い、讃《たた》えてきました。太陽には、それほど素晴らしいパワーがあるのです。人生がうまくいっていない、生活に余裕がないと感じるときほど、焦るのをやめて朝日や夕日を眺めましょう。太陽の素晴らしい恩恵が情報空間を整え、最高の運気へと導いてくれるでしょう。

太陽が金運アップにつながる西の方角に沈むと、
そのパワーが倍増します。
しかも夕日は、金運を表す黄金色です。

「元旦」を二度楽しむことで自然の流れに乗る

ふだんはあまり意識しないかもしれませんが、私たち日本人はふたつの「暦」をもっています。ひとつは、太陽の動きを基準にした新暦（現在の暦）。そしてもうひとつが、月と太陽の動きを基準にした旧暦です。

明治時代の初めまで、日本人はこの旧暦に従って暮らしてきました。いまでも、地方によってお盆や行事の時期が1か月ずれていることがありますが、これは、その名残です。

月の満ち欠けと連動している旧暦は、より自然の変化を反映しています。その暦に従って暮らすとは、自然のリズムや宇宙の流れに乗ること。**つまり旧暦は運気をもっともスムーズに、より効果的に動かすための目安になるのです。**

旧暦は、古くから宮中の祭祀《さいし》や行事でも用いられてきました。その伝統を現在も守る皇室が、2600年もの長きにわたって続いてきたのは、旧暦が自然の理にかない、子孫繁栄をもたらすことを表しているでしょう。

社会のシステムが新暦で動いている現代において、旧暦を基準に暮らすのは、現実的ではありません。しかし季節の行事で、旧暦を意識することは可能です。むしろ運気の波に乗りやすくなり、また生活に潤いが生まれます。感性も磨かれるので、情報空間からのフィードバックをキャッチしやすくなる効果も期待できるでしょう。

最近では、旧暦カレンダーや旧暦手帳も見かけるようになりましたが、**我が家でも新暦と旧暦のふたつのカレンダーを貼り、お正月やお彼岸、節句などの行事を2回ずつ楽しんでいます。**

たとえば、旧暦のお正月（旧正月）は、だいたい1月の後半から2月の前半です。毎年カレンダーで日にちを確認して、旧正月には家族で二度目の〝元旦〟を祝うのです。そうやって旧暦を意識していると、自然の流れと自分自身のリズムが同調するようになります。

すると、運気の流れがおのずと整って、物事がよどみなく進みはじめます。先人の知恵を見直し活《い》かせば、楽しみながら運気をよりよく整えていけるのです。

つれづれエッセイ 3

幼少期からの暗号解読レッスン

私がおこなう個人セッションでは、まずその方の環境と情報空間の状態を読み解きます。そして、最高・最適な現実に変わるように適切な技をかけていきます。

そのためには、高度な観察力や洞察力、情報読解力が欠かせません。

重層的な要素があるので一概にいえない部分もありますが、見当違いの技を選ぶと望む結果が得られないケースも時にはあるからです。ですから、物事の〝裏〟や〝奥〟を読んで真実を見抜く目は、何にもまして重要です。

思い返せば、私は幼い頃から情報を読み解いて、隠された真実をつきとめる訓練を受けてきました。その経験がいま役立っているように思います。

その訓練とは何かというと、「暗号解読」です。

暗号解読など、戦争映画やスパイ映画の話ではないかと思うかもしれません。

しかし戦前戦中は、日本においても重要な軍事技術のひとつでした。

いまはデジタル化が進み、暗号技術もまた新しいフェーズを迎えていますが、当時は手紙や電文など紙に書かれた文字をいかに解読するかが、戦況を大きく左右したのです。

私に暗号の解読方法を教えてくれたのは、母方の祖母です。

祖母は、祖父から暗号解読の手ほどきを受けました。

私の祖父は、日本軍の工作員として戦前の満州へ渡り、秘密裏に活動した人です。

出国するにあたって、祖父は祖母に暗号解読用のコードブックを渡し、解読法を教えました。当時、手紙はすべて検閲されたので、暗号化して自分の消息を知らせるためでした。

現地で祖父は数十か所を転々とし、そのつど手紙を送って状況を知らせてきたそうですが、暗号が読み解けたおかげで、祖母は祖父の様子や現地の情報を知ることができたのです。

私は小・中学生時代、長期休みに祖母の家に行くたびに、祖父が満州から送ってきた手紙を見ながら暗号解読を教えられました。

また母も、暗号を解く作業が知能の向上につながるといい、私が小さい頃からゲーム仕立てで暗号解読を教えてくれました。

母の作った暗号問題を解くと、答えの示す場所におやつが置いてあるので、夢中になってゲームを楽しんだものです。


さらに中学生頃から、政治経済に関心が強かった父に言われ、家で取っていた大手新聞4紙に目を通すようになりました。

毎日各紙の論調を見比べる習慣がつくと、面白いことに、記事に隠された裏情報や真意が次第に読み取れるようになっていきました。

幼い頃から続けてきたこのようなトレーニングが役立ったのは、某広告代理店で**20代にもかかわらず、30億円規模のあるプロジェクトをまかされたときのことです。**

守秘義務があるため、私がプロジェクトをまかされた経緯や詳細の説明は控えます。しかし、さまざまな困難に遭遇しながらも、最終的には予算のほとんどを残したままミッションを完了させることができたのです。

「整え」の技術を学んでからは、幼い頃から培った洞察力や観察力の他に、直感力や見えない情報空間に対する繊細な感受性が加わりました。

私自身も驚いたのは、あるとき知人と話していたら、**目の前にスクリーンでも現れたかのように緑の蛍光色の文字がパパッと浮かんだことです。**

表示された文字を読んでみると、その方の生活習慣に対するアドバイスでした。書き留めて伝えたところ、その文字はサッと消えました。

また、ある年のお正月、知人の顔に重なって「波乱万丈」の文字が現れたのです。お伝えした方がいいと思い、「驚かないでくださいね」と断って伝えました。

本人は半信半疑でしたが、フタを開けてみると家族の急逝や入院、ご主人の降格、お子さんの受験失敗、そのうえ家屋の地盤沈下まで起き、まさに波乱万丈な年になったそうですが、事前に心構えができたことで乗り切れたと感謝されました。

ある方の前に突然、「7日後に部長になります」という文字が現れたこともあります。その方は「自分は係長だし、会社の制度からいってもあり得ない」と本気にしませんでした。**しかし7日後、その文字の通りになったのです。**

このように文字がはっきりと現れるのは年に数回のことで、通常、情報空間からのメッセージは直感や触感を通して訪れます。

自分でも「なぜこんな言葉が出てくるのだろう」と不思議に思う言葉が、相手の方にとってはドキッとするメッセージだったり、問題解決のキーポイントだったりするのです。

すべての力は、自分の使命を遂行するために与えられたもの。**「世のため人のためにつくす」という空海の教え**を実践すべく、これからも研鑽《けんさん》していきたいと思っています。

4章 空間の整え

小鳥の鳴き声はバロメーター

プロローグで「物理空間は情報空間に従う」とお話ししました。

その場の情報空間が整っていると、おのずと現実の環境も整い、そこで過ごす私たちの運気も整っていきます。

では、自分のいる環境の状態を知るにはどうすればいいでしょうか。わかりやすい目安をお教えしましょう。

家の環境は、朝、心地よい鳥の鳴き声が聞こえるかどうかでわかります。もしかわいらしい小鳥の鳴き声が聞こえてきたら、あなたの住まいはよい状態に整っています。

小鳥はエネルギーの高いところに飛んでくる性質があるので、ひとつのバロメーターになります。スズメやウグイス、メジロなど、きれいな声を聞かせてくれる鳥たちは都会にもけっこういるものです。窓を開け、耳をすませてみてください。

ただし、カラスの鳴き声はあまり好ましくありません。

神道では、カラスは神の使いとされているので、神社の境内でカラスを見たり鳴き声を聞いたりするのは吉兆です。しかし家から見える範囲にいたら、住環境を整える必要があると考えましょう。

外出先や職場などで、どんな環境に身を置くかも大切です。

この場合、その場が整っているかどうかも大事ですが、同時に、自分と相性が合うかどうかも大きなポイントとなります。

相性の良し悪《あ》しを見極めたいときは、自分の体感に意識を向けてみましょう。

整っていて相性がいい場所に行くとすぐに体がポカポカして、自然に目線が上がり、リラックスできます。逆に、相性の悪い場所に行くと体が冷えて、ときには悪寒が走ることも。またどことなく居心地の悪さを感じて体が固くなり、目線も下がります。

このようなサインを、安倍晴明は「予兆」と呼んで重視しました。

いい予兆なら問題ありませんが、悪い予兆を無視してその場にいつづけると、情報空間から影響を受けて運気が下がってしまうので対策をしていきましょう。

小鳥はエネルギーの高いところに飛んできます。

朝、小鳥の鳴き声が聞こえてきたら、

あなたの住まいはよい状態に整っています。

あなたの周りの弱い存在から影響を受けていく

整っていない場所や相性の悪い場所にいつづけると、**自分の身の回り、それも弱い存在から影響が現れます**。

たとえば、ペットが病気がちになる。子どもがしょっちゅうケガしたり熱を出したりするようになる。家族が心の不調をきたしたり、高齢の親が体調を崩しやすくなったり……。こういった現象が起きはじめるのです。

なんだかおかしいなと思っていると、最後に自分自身の体調や仕事にトラブルが発生してしまいます。日頃から自分のいる環境に心を配り、予兆をとらえていきましょう。

しかし場の情報空間が変わると、必ず現実は変わります。その変化は、早ければ数時間後に現れます。

あるクライアントさんから驚くべきケースをご報告いただきました。

その方の弟さんは何年も汚部屋に引きこもり状態で、お風呂にも入らず、ときにはトイレも部屋のなかで済ませるといった、非常に不潔な状態が続いていたそうです。悩んだその方に依頼され、私は部屋の情報空間を書き換える技をかけました。

すると、わずか3、4時間後のことです。弟さんが急に部屋の片づけを始めたとのこと。そして入浴もし、身ぎれいにするようになりました。なんとしばらくすると、バイトを探しはじめたというのです。いまでは週3日バイトに行き、自立への道を歩みはじめているそうです。その即効性に、私も驚いた出来事でした。

情報空間が書き換わると、このように、なぜか自然に物理空間を整えたくなるという現象が起こります。あるいは、たとえば来客予定が突然入ったり、水漏れが起きたりして、強制的に片づけをしなければならない状況が生まれます。

ただし、特殊な技をかけなければ情報空間を整えられないわけではありません。

掃除や片づけ、インテリアの工夫などの方法で物理空間を変えただけで、情報空間が変わり、トラブルが解決した例はたくさんあります。

物理空間と情報空間は連動しているので、不思議なことではありません。

掃除をして部屋を整えると、子どもが変わる

もともと私たちは、十分に整った状態で生まれている存在です。この世に生まれてくるだけでも奇跡に近く、先祖のご加護を多分にもらってきています。

しかし生きているうちに傷を負い、本来の能力を開花させられず、ときにはトラブルを抱えてしまうのです。でも**情報空間を整えていくとその傷が癒え、現実に現れていたトラブルも解決していきます。**特に、その人に多大な影響を及ぼす住環境を整えると大きな変化が起こります。

中学3年生の娘さんが家出を繰り返して困っていたEさんのエピソードです。

Eさんの家を囲む情報空間を見てみると、親子関係を反映するかのように、壁がもろくなっている状態でした。

復習になりますが、家も人と同じように情報空間の壁がしっかり整っていれば、安

泰で家運も良好です。

しかし壁の一部が崩れていたり、手触りがゴツゴツしていびつだったりすると、住む人の人生も思わしくない流れになっています。

またそういったときは、そこに住む人も自分の家を整えようという気持ちが薄れています。自分の苦境に翻弄されて、住む場所を快適にしようとする意識が薄れてしまっているのです。

私は、住環境を整えることが最優先だと考え、Eさんにさまざまなアドバイスをしました。のちほどくわしくお話ししますが、**具体的には、掃除をする、音楽をかける、花やアートを飾るなどです。**

家を少しでも美しく保とうと意識しはじめると、その分だけ情報空間も整っていきます。すると、そこに暮らす人の意識も少しずつ変化していくのです。

Eさんの家にも変化が現れました。それまで自宅に戻っても、すぐまた家出していた娘さんが、3日、4日、1週間と家で過ごすようになったのです。その期間がだんだん長くなり、結局、家出は止まったとのこと。娘さんは「前は家にいるのが嫌いだった。でもいまは居心地がよくなった」と話しているそうです。

部屋を整えると、情報空間が整いはじめ
そこに暮らす人の意識が変わってきます。
そして、運勢すら変わってきます。

借金グセのある人の情報空間には蛇がいる

風水では、家を取り囲む「塀」でもっとも重要なのは、家屋の背後を守る部分。つまり、玄関から反対側に位置する塀だとされています。この塀が頑強で、他の三方より高いのが理想です。背後の塀が家族を守り、家運を盤石なものにするのです。

じつは情報空間上にも、家を取り囲むエネルギーの壁があります。

実際の塀がなくても、情報空間にしっかりとした四角い壁がある家は家運がよく、そこに暮らす人は成功できます。また物理的な塀と同じように、情報空間上でも、家の背後の壁が高いのが理想とされています。

いままで1000人以上のお宅の情報空間を拝見してきましたが、**借金グセがある人が住む家の壁には、共通する特徴がありました。情報空間の後ろの壁が大きく失われ、ときには、下半分しか残っていない家もあったのです。**

ひどいケースでは、かろうじて足元に少しだけ壁らしきものが残っていた家もあったほどです。そういったお宅は、何百万円もの借金を抱えていました。

そんな借金グセがある方たちには、他にも気になる共通点がありました。**消費者金融にまで手を出す方の情報空間を見ると、なぜか蛇のエネルギーを感じるのです。**その方を取り巻く情報空間から、蛇がふいに飛び出してくるイメージです。そんなケースでは、蛇のエネルギーを抜き取る技をかけて対処しています。

あるとき、もしやと思い、借金がやめられないという男性に「昔、蛇をいじめたり殺したりしたことはありませんか」と尋ねてみました。するとその男性は、殺したことがあるとのこと。その後、他の人にも質問したところ、必ず同じ答えが返ってきました。借金グセに蛇が関係しているとしか思えず、**蛇の命を奪った代償は大きいと感じるのでした。**

古来、蛇は金運の象徴として崇《あが》められてきました。蛇に限らず、動物全般を大切にする人は運に恵まれます。その人の優しさや生き物に対する愛が情報空間に反映され、相応の現実が作られるからです。いずれにせよ住む人の意識が情報空間上の壁の状態を整えます。自宅の背後に高く頑強な壁があるとイメージすると、意識の力で家の守りが盤石なものになるでしょう。

玄関の右側に「信楽焼のタヌキ」を置くのは道理にかなっている

ここからは、住環境の整え方について具体的に見ていきましょう。

まず玄関は、情報や運気が入ってくる大切な場所です。

小物や飾り物を置く場合は、入って右側にしましょう。

この位置は風水上「青龍」と呼ばれ、家運や健康運を司《つかさど》ります。青龍側に重きを置くと福を招き、商売繁盛につながるといわれます。重きを置くとは重点的に掃除したり、装飾したりすることです。商家などで、玄関の右側に信楽焼のタヌキが置かれているのは道理にかなっているといえます。

また、玄関先に植木鉢を置く際にも右側が多くなるように配置しましょう。

あらかじめ玄関の壁に鏡が取りつけられている家はそのままでいいので、つねに磨いてピカピカに保つようにしてください。

玄関を出た真正面のところに、電信柱や街路樹がある家がありますが、これは情報空間上、好ましくありません。エネルギー的に見ると、電信柱や木がその家の情報空間に杭《くい》として突き刺さっている状態になるからです。

その場合は、玄関に「丸いもの」を飾ったり置いたりすることでエネルギーが中和されます。

たとえば、玄関のなかでも外でもかまわないので、ドアにリースを飾る、球体のライトを置く、輪の形になったしめ飾りや茅《ち》の輪のお守りを飾る、あるいは、鈴やボール状の置物を置くなど工夫してみてください。**丸は豊かさの象徴なので、お金を呼び込むにも最適です。**

家を向いて立ったとき、玄関の左側に赤いものがあると訴訟が起こりやすくなるといわれています。赤い郵便受けがあったり、傘立てのなかに赤い傘が挿しっぱなしになったりしている場合は気をつけてください。郵便受けは塗り替えてもいいですし、ホームセンターなどで売っている市販品と取り替えるのもおすすめです。

見落としがちですが、玄関の左側に赤い靴を出しっぱなしにしている場合はすぐに靴箱にしまいましょう。

天下分け目の大勝負の日には「白虎」の位置に移動！

リビングは、基本的には自分自身が心地よい状態に整っていればＯＫです。

もし「どことなく居心地が悪い」「雰囲気があまり気に入っていない」と感じるようなら、まずは換気し、不要品の片づけから始めてください。その次に掃除をします。すると、それだけでエネルギーが刷新されるでしょう。

いまは少なくなりましたが、昔ながらの日本家屋に住んでいる方は、床の間に置くものも玄関と同じ「右（青龍）側重心」を意識しましょう。掛け軸は中央で大丈夫ですが、花瓶や置物などは右寄りに置くと、家運が安定します。

ただし、大事なプレゼンや試験の日など**「今日が天下分け目の日」「いまが勝負時」というタイミングでは、逆位置の左側に置物を移動してください。**ここは、風水では「白虎」と呼ばれる位置。勝負運を高め、力技で勝たせるよう後押ししてくれます。

寝室も、快適に眠れるよう整えていきましょう。

3章でお話しした通り、寝具はシルクや綿100%がおすすめです。さらに、直接肌に触れる下着もシルクにするとなおいいでしょう。

上質な環境で寝ていると、その間に情報空間がそれに合わせて書き換わり、人生がいい方向へと動きはじめます。また、ふだんの出会いも上質なものに変わります。シルクをまとって優雅なクラシック音楽を聴いて眠りにつけば、日常的にシルクを身に着け、クラシックを聴いているような人たちとの出会いが増えていくのです。出会いが増えるとは、そのような人たちがいる「場」に行けるということ。つまり、自分自身の人生のグレードが上がるということです。

ちなみに、寝る前に1日を振り返って反省したり、嫌なことを思い出したりする人がいますが、これは、自分で自分の運気を下げていることになるのでやめましょう。

3章でお話ししたように、寝る直前は特に、情報空間が書き換わりやすいので要注意です。布団に入ったら、好きなことやうれしくなること、これからやりたいことやかなえたい夢などを思い浮かべ、幸せな気分で眠りにつきましょう。

場のエネルギーを上げるには掃除は避けて通れない

エントロピー増大の法則をご存じでしょうか。

「物事は放っておくと無秩序な方に向かい、戻ることはない」という法則です。

ここでいうエントロピーとは「乱雑さ」「無秩序さ」。

快適な空間を維持するには、必ず掃除や片づけが必要なのです。

ちなみに、風水的に適切な配置や華麗な装飾をどんなに施しても、部屋が散らかったり汚れたりしていたら、場のエネルギーが上がることはありません。

それどころか、そんな場所で過ごしていると雑然としたエネルギーによって、心身のコンディションは悪影響を受けてしまいます。

たとえ面倒でも、整った空間で過ごしたければ、掃除は避けて通れません。

その代わりいったん掃除を始めれば、エネルギーはすぐ修復に向かいはじめます。

うれしいのは、物理空間をきれいにすると、家の外を取り巻く情報空間の壁も修復に向かいはじめることです。つまり掃除は、家全体を守る大切なものなのです。

先ほどお話ししたように、掃除に取り掛かる前に、まず片づけから始めましょう。床や机の上にものを出したままにしていたとしたら、あるべきところにしまいます。ものが片づき、滞りなく気が流れる家ほどお金の巡りがよくなります。

次に、ホコリやゴミを取り払います。**ホコリやゴミは邪念を吸っているので整った場作りの大敵です**。掃除機をかけたあとは、市販の拭き掃除用ドライシートでも雑巾でもかまわないので、家具や棚などもしっかり拭いておきましょう。

家の東西南北にはそれぞれに意味合いがあり、それらを意識すると金運や健康運、人間関係によい影響を与えることができます。各方位が司る運気は次の通りです。

西：金運、女性性を高める　北：全体運、健康運
東：仕事運、男性性を高める　南：知識や情報を得る

忙しいときは1日10分でもOKです。短時間でも場所を変えて毎日おこなえば、きれいな状態を保てます。

散らかった部屋は場のエネルギーを下げ、
住んでいる人の運気を下げます。
しかし、いったん掃除を始めれば、
エネルギーはすぐに修復に向かいはじめます。

「トイレで開運」の落とし穴

開運といえば、昔からトイレ掃除が大切といわれてきました。

ですから、トイレは特に念入りに掃除しているという人は多いかもしれません。

なかには、開運グッズや縁起物、花などを飾ったりして、トイレのエネルギーを高めている人もいるのではないでしょうか。

たしかにトイレをきれいに磨くと、自分の心も浄《きよ》められたようで爽快感がありま す。また、花や置物で飾られたトイレは気持ちがいいものです。

しかし、トイレ掃除には落とし穴があります。

トイレだけを重点的に掃除して満足していると、家全体に悪い影響を与えてしまう場合があるのです。

たとえば、毎日トイレをピカピカにしているのに「なぜか運が上がらない」「どことなく家全体がどんよりして、トラブルが続く」といったケースです。

なぜ、そういったことが起こるのでしょう。

本来、トイレは汚いものが溜《た》まる場所。家のなかでもっともエネルギーが低い場所です。そのトイレを掃除すると、情報空間上ではトイレのエネルギーが上がります。

しかしその代わり、**エネルギーは、トイレにあった低いエネルギーは、家のなかの他の場所へと流れ込みます。高いところから低い方へ流れる性質があるからです。**

トイレはきれいに掃除しても、他の部屋の掃除がおろそかになって、リビングや玄関などが汚れていたら、トイレにあった不浄なエネルギーがそちらに向かって流れていくのです。

すると、家全体がその不浄なエネルギーの影響を受けることになります。それで「毎日トイレ掃除を念入りにしているのに、なぜか運が上がらない」といった現象が起きるわけです。ですから、**家の情報空間を整える際には、どの場所もまんべんなくきれいにしていく必要があります。**

もしあなたがトイレを重点的に掃除していたとしたら、今日から他の場所は、トイレ以上にきれいにしておきましょう。

水気をしっかり拭き取ることで「龍を治める」

中国の古典『管子』には「龍は水から生ず」と書かれているように、水と龍は昔から関係深いもの。情報空間においても、水は龍と深い関わりがあります。

龍は、お金や人との縁を運んでくれる存在ですが、水回りの状態も金運や対人運と直結しています。流し台や洗面台、蛇口周りが、いつも水でビシャビシャになっているようでは、龍は十分な働きをしてくれません。

「水回りを治めるのは、龍を治めること」といわれています。

流し台や洗面台、蛇口付近などの水気は、必ずきれいに拭き取っておきましょう。

水回りを治めるとは、つねにきちんと水を始末すること。

蛇口も磨いてピカピカにしておきましょう。特に排水口は掃除をマメにして、排水管が詰まることがないようにしてください。排水管のなかには龍が通り、家全体を巡っています。そこが詰まってしまうと、お金の詰まり、人間関係の詰まりにつながるのです。


台所で気をつけるべきは、「油」です。

油という漢字に、水を表す「さんずい」が含まれることが示すように、油も「水」に分類されます。ですから、油をきちんと始末していないと水回りが汚れているのと同じ状態になります。


また食器を洗ったあと、水切りかごに入れたまま自然乾燥するのもやめましょう。

特に、コップやマグカップなどは、つい洗ったまま裏返して置きっぱなしにすることがありますが、そのつど水気を拭き取って食器棚にしまってください。**面倒がらずに水分を拭き取る行為が、龍を治めることにつながります。**


ちなみに、お風呂や洗面台の鏡はこまめに磨き、きれいにしておきましょう。

水垢《みずあか》や手垢、石鹸《せっけん》カスや歯磨き粉の飛沫《ひまつ》がついたままになっているのは禁物です。

昔から、「鏡を磨くと、未来を見ることができる」といわれています。

クリアに磨かれた鏡を通して自分や世界を見ると、思考も明晰《めいせき》になります。そして、過去ではなく、望む未来へと焦点が合うようになるのです。

面倒がらずに水分を拭き取る行為が、
「龍を治める」ことにつながります。

脳を活性化させたければ、お風呂上がりにしっかり拭くこと

水回りをつねにきれいに保つようにすると、お金の巡りがよくなり、良縁がもたらされます。その効果がはっきりと現れた例をご紹介しましょう。

あるとき60代の主婦から、30代の息子さんと娘さんについてご相談を受けました。「ふたりとも結婚する気がまったくない。どうしたらご縁に恵まれるでしょうか」という内容です。

お宅の情報空間を見てみると、ふと「水回り」というキーワードが浮かびました。そこで、「家のなかで気になっている水場はないですか」と伺ったところ、女性はハッとした顔をされました。

そのお宅には、来客用も含めて洗面所が3つあったのですが、そのひとつはまったく使っておらず掃除もしていなかったのです。私はさっそく、その洗面所を片づけてきれいに整えるよう助言しました。

するとわずか1か月後、息子さんが彼女を連れてきて、年内に結婚。娘さんもすぐに職場の人とおつきあいが始まり、トントン拍子で翌年結婚し懐妊したそうです。

相談者の女性は、結婚にまったく興味を示さなかった子どもたちが、立てつづけにご縁を授かったことを喜び、水回りを掃除することの威力に驚かれていました。

水を治めるとひらめきが増し、脳の活性化にもつながります。

ときどき、トイレで手を洗ったあとハンカチを使わず、水気を簡単に払っただけで済ませる小学生がいますが、そういった子は算数が苦手だという特徴があります。

しかし、そんな子どもにハンカチを持たせ、指の股までしっかり拭くように言うと、不思議なことに算数の成績が上がりはじめるのです。**体が濡《ぬ》れている不快さを放置しないと感性が上がり、脳の働きもよくなるからです。**

またお風呂上がりに、バスタオルで脇の下や背中もきちんと拭くよう徹底させることでも同じ効果が得られました。

大人でも同じ効果があり、脳の活性化につながります。認知症予防や仕事の効率アップも期待できるでしょう。

音楽は一瞬にして情報空間を整える

あなたは音楽が好きですか?

部屋にいるときに、音楽を流す習慣がありますか?

「そういえば、最近音楽を聴いてないな」「部屋ではテレビをつけっぱなしだ」と思ったら、ぜひ質のいい音楽で部屋を満たしてください。

音楽には、一瞬にして場を整える力があります。

先ほどお話しした中学3年生の娘さんをもつEさんに、真っ先にアドバイスしたのも、「いつも部屋にBGMをかけてください」ということでした。

エネルギーは波に乗って届く性質があります。空気の振動で伝わる音楽も一種の波です。その影響力は強く、また瞬時に届くのです。

最近は音楽をイヤフォンで楽しむ人も増えましたが、情報空間を書き換えるなら、適度な音量で部屋全体に流すのがポイントです。音が気になる人は小さな音量でかまいませんが、空間全体を音で満たす意識をもちましょう。**実際、空間が音で満たされると、壁や家具などに音のエネルギーが染み込んでいきます。だから、その場全体の雰囲気が変わるのです。**

ときどき「私はシーンとした無音の部屋が好きだ」という方がいますが、静かすぎる空間は精神衛生上よくありません。

都市計画によって開発されたある学園都市で、一時期、研究者の自殺が増加して問題になりました。対策案を研究したところ、その原因のひとつは建物の遮音性が高いからではないかとの報告が出されました。

その後、無音の状態は人の心を鬱々とさせ、精神をむしばむ可能性があるとわかり、他の要素も含めて環境改善に取り組んだ結果、自殺は激減したそうです。

私のクライアントでも、鬱症状やパニック障害で悩んで休学していた女子大生が、音楽を部屋に流すようになって快方に向かい、数か月後には復学したケースもあります。

気分をすぐに変えたいときや部屋の雰囲気がよどんでいるとき、情報空間を整えるために、音楽は心強い味方になるのです。

クラシック音楽で上流階級の空間を作る

部屋に流す音楽は、上質なクラシック音楽がおすすめです。

中世ヨーロッパで生まれたクラシック音楽は、教会や宮廷、劇場で王族や貴族などの上流階級が聴くための音楽でした。**その音楽をかけると、情報空間的にはクラシック音楽が優雅に流れている高級ホテルや劇場と同じになります。**ふだん過ごしている日常空間が、音によって格上げされ、エレガントな空間に変わるのです。

しかし、あまり好きでもないのに無理してクラシック音楽ばかり聴くのは本末転倒です。ジャズやラテン音楽、映画音楽、ハワイアンミュージック、ポップなど、自分の好きなジャンルを幅広く楽しんでください。

自分がどんな世界に行きたいのか、どんな気持ちで過ごすと心地よいのかを基準に選曲するのがおすすめです。

もし行きたい世界が決まっているのなら、その世界の住人が聴いているであろう音楽を聴きましょう。

たとえば、華麗なる世界で優雅に暮らしたいなら「くるみ割り人形」の「花のワルツ」など定番のワルツ。洗練された世界で心が浮き立つ時間を過ごしたいなら、ポップ界の王様マイケル・ジャクソンの曲……といったように、自分の趣味やそのときの気分、目的に合わせて選ぶといいでしょう。

また、それまで興味がなかったジャンルや楽曲を一流アーティストの演奏で聴いたり、ふだん過ごす空間に流したりすると、新しい人生への準備になります。

さらに、できる範囲でかまわないので高音質のスピーカーで聴くと、より繊細に音の力を感じ取れます。

より効果的に音の力を取り入れたいのなら、漫然と聴くのではなく、「私は情報空間を整えるために聴いているのだ」と意識しましょう。

これはどんなアクションにも通じることですが、私たちが意識すればするほど情報空間にアクセスしやすくなり、現実からのアプローチ効果が高まります。

音楽には、一瞬にして場を整える力があります。
特に、クラシック音楽を流すと、
日常空間は音によって格上げされ、
エレガントな空間に変わるのです。

カーテンの色を変えたら、問題が解決した

カーテンは、思いのほか空間のエネルギーに影響を与えます。部屋のなかで占める面積の割合が大きいからです。

手近な安物で済ませるのではなく、高価でなくてもいいので気に入ったものを選びましょう。といっても、カーテン選びにむずかしいルールがあるわけではありません。選び方は非常にシンプルで、ひとつのルールを守ればいいだけです。

それは、「黒」や「黒に近い色」は避けること。 黒はもちろんのこと、たとえば、黒に近い濃いグレーや濃紺、深緑、濃茶なども避けてください。これは、壁紙選びにも共通しています。葬儀や法事などで用いられることからもわかるように、黒は陰の色であり、エネルギーを吸い取る色です。一見モダンに見えますが、黒いカーテンは運気を吸い取るので使用厳禁と覚えていてください。

テーブルやソファ、小物など空間に占める割合がさほどないのであれば問題ありま

せんが、寝具に黒を使うのもNGです。特に、黒いパジャマは寝ている間にエネルギーを吸い取られることになりかねないので避けましょう。

ただし、紺や緑、グレー（シルバー）や茶色であっても、明るい色調であれば大丈夫です。また思い切ってビビッドなブルーやイエローにしたり、季節でかけ替えたりして、ガラッと変わるエネルギーのバリエーションを楽しむのも一案です。

「たかがカーテン」と思うかもしれませんが、その影響はあなどれません。

Fさんは、10代の娘さんが、ある男性とトラブルになり悩んでいました。そこで私は娘さんの部屋のカーテンを変えるよう助言し、Fさんは黒みがかったグレーのカーテンを明るい色のものにかけ替えました。

すると自然に男性との縁が切れ、殺伐としていた家の空気も穏やかになり、家族団らんがもてるようになったとのことでした。

じつは、他にもFさんは、寝具をシルクに変えたり音楽を流したりとさまざまなアプローチをしました。しかしカーテンを替えなければ、もっと解決に時間がかかっていたはずです。部屋に対する影響の大きいカーテンは、意外な盲点になるのです。

花のもつ情報で空間を整える

無機質な部屋に花が一輪飾ってあるだけで、その空間に生命力が宿り、場のエネルギーが整います。音楽同様、空間を整えるために花は欠かせないアイテムです。感謝や祝福、親愛や励ましの気持ちを伝えたいとき、私たちは花束を送ります。また、ホテルのエントランスやパーティー会場、結婚式場、祝賀会などは華やかなフラワーアレンジメントで彩られます。これは人間が無意識のうちに、花のもつ力を感じ取っている証拠でしょう。

部屋に花を飾ると、その花のいきいきとした存在感や美しさ、神聖なエネルギーが空間全体に広がります。そして、そこで過ごす人たちの情報空間に波及し、よい影響を与えていきます。特にイライラしているときや意気消沈しているとき、部屋に花があると、癒やしや前に進む気力を得られます。

花は生き物でありながら「情報そのもの」。しかも、それぞれに個別の情報をもっ

ていて、場の情報空間に働きかけるという特徴があります。

ですから、自分自身がほしいエネルギーやサポートによって選ぶことも可能です。

たとえば、情報空間上で白いユリは女性性の象徴ですから、飾るとその空間で過ごす人の女性性が上がります。赤いカーネーションは母性を表すので、子どもに愛情を注ぎたいときや円満な家庭を築きたいときに飾るといいでしょう。

また、赤いバラには恋愛を成就させるエネルギーがあります。片思いの人やパートナーとの仲を深めたい人は自分の思いをバラに託して飾ると、情報空間上で、その思いが伝わりやすくなります。

これはほんの一例ですから、基本的には、自分自身が惹《ひ》かれる花を選んでください。あるいは、花言葉を調べてそのときほしいエネルギーをもつ花をセレクトしたり、気になる色の花を選んだりしてもいいでしょう。

繰り返しになりますが、花は空間を変える情報であり、命をもつ存在です。毎日水を替え、茎を洗って切り、きちんとケアすると長持ちし、ポジティブなエネルギーを長く部屋に発信してくれるでしょう。

富豪はこんなふうにアートを使っている

モナコでは、富豪のヴィラや宮殿にお招きいただくことがあったのですが、そこで必ず目にしたのが数々の美しいアート作品でした。

多くの富豪が部屋ごとに時代や作風などのテーマを決め、そのテーマに沿った絵画を飾って楽しんでいました。

狭い日本の住宅でそこまでする必要はありませんが、空間のグレードアップを目指すなら、美術史に名前を残す画家の名画を飾るといいでしょう。

それらは、すでに価値が社会から認められている絵ですから、**たとえ複製であっても一流のエネルギーをもたらしてくれます。**

クラシカルな絵画でなくても、もちろん問題ありません。モダンアートやポップアートと呼ばれる現代的な絵も部屋の空気を刷新してくれます。

また、一流のフォトグラファーが撮った写真を飾ると部屋がスタイリッシュに整い、仕事の能率も上がるでしょう。

美術展で気に入った絵のポスターや絵葉書を飾ることは、もっと気軽に楽しめます。**ただし、そのまま壁に貼るとチープな印象になるので、必ず額縁に入れてください。**いずれにせよ自分自身が「美しい」「楽しい」「気分が上がる」と感じるお気に入りの絵や写真を選びましょう。

オブジェや彫刻、ランプなどの立体アートも絵と同じように楽しんでください。これはちょっとしたコツですが、先に飾るアートを決めて、その後、調度品や家具、カーテンを選ぶと、イメージが広がって美しい空間を作れます。そうやって整えた住空間が発するエネルギーが、あなたの運命を引き上げてくれるでしょう。アートのもたらす不思議な力をぜひ体感してみてください。

空間のグレードアップを目指すなら、
美術史に名前を残す画家の名画を飾りましょう。
たとえ複製であっても
一流のエネルギーをもたらしてくれます。

「バタン！」「パリン！」「ガチャン！」は一瞬で情報空間を壊す

たとえば、ドアを力まかせに閉めたときの「バタン！」という音。

グラスが「パリン！」と割れる音。ものが落ちて、「ガチャン！」と壊れる音。

そういった大きな音がすると一瞬ビクッとしますが、このような音を「破壊音」といいます。**この破壊音は、整っている情報空間を一瞬で壊します。**

文字通り、破壊音によって場の均衡が破れ、エネルギーに亀裂が入ってしまうのです。人の怒鳴り声やののしり合う声、怒りにまかせて、ものを投げたりドアを蹴ったりしたときに立つ音も破壊音になります。

セッションをしていると、ときどき家の背後にある情報空間上の壁の中央に、大きな穴が空いているお宅があります。そんな家は、たいてい家庭内でもめごとを抱えていらっしゃいます。夫婦ゲンカや親子ゲンカのいざこざから発せられる破壊音が、情報空間の壁を内側から突き破ってしまうのです。**悪いエネルギーはそういった穴から**

入り込むので、家庭はますます荒れていきます。

破壊音を避けるには、まず「丁寧に暮らす」こと。そして、感情を安定させる工夫をすることです。丁寧な生き方からは「静けさ」が生まれます。

富豪が集まる場所で、まず感じたことは、その静けさでした。

パーティーでは多くの人が談笑しているのに、会場の空気は、喧騒とは違う静けさをまとっています。レストランで食事するときも、カトラリーとお皿がぶつかる音やグラスがぶつかる音などとは無縁です。

彼らの立ち居振る舞いはいつもエレガントで、足音を響かせてセカセカ歩いたり、ドアでバタンと音をさせたりすることはありません。

プールに飛び込むときも、聞こえてくるのは豪快な「バシャッ」ではなく、静かな「シャポッ」という音です。大人だけでなく子どもも同じなので、その徹底ぶりに舌を巻きました。

破壊音を避ける。丁寧に暮らす。このふたつを意識するだけでも情報空間のダメージがなくなり、心地よい環境が整っていくでしょう。

世界があなたに優しくなるとき

自分自身を取り巻く情報空間が整うと、どんな変化が起きるでしょうか。

一言でいえば、世界が優しくなります。

仕事運や金運、健康運など運気全般がよくなり、現実化も加速していきます。

しかし、荒々しい流れに乗るというイメージではありません。あくまでも優しく、スムーズに、軽やかに物事が進むのです。

なぜなら、周囲の情報空間が整うと、まず自分が周囲に対して優しい世界を作り出せるようになるから。そのプロセスを具体的にいうなら、まず整った環境に身を置くと余裕が生まれます。すると、それまでストレスや忙しさで埋もれていたあなたのよい資質が表面に表れ、柔軟な対応やさりげない気配り、思慮深い言動ができるようになります。そんなあなたに触れた人たちは当然優しくなりますし、新しいあなたに合ったエネルギーの人が集まってきます。

だから、同じ場所にいながらにして、自分の世界が優しくなるというわけです。

自営業のGさんは、不登校になった高校生の娘さんとの関係がこじれて、ずっとギスギスした状態が続いていたそうです。なんとか関係修復を図ろうとしましたが、うまくいかなかったとのこと。

そこで彼女は、家を整えて情報空間を書き換え、現実を変えようと思い、さまざまなことを素直に試したとか。そうやって物理的に空間が整っていくうちに、娘さんとの会話が次第に増え、学校にも少しずつ通えるようになりました。

そしてある日、Gさんにとってとてもうれしいことが起こりました。

Gさんの仕事用の机を、娘さんがＤＩＹで修理してくれたのです。「傷んでいた机が娘の手で生まれ変わるとは思ってもみなかった。『お母さんなんか嫌い』と言っていた娘が変わるなんて」と、Gさんはとても喜んでいました。

このように情報空間が正しい状態に戻れば、現実は、そして人生は驚くほどあっさり変わっていくのです。その変化を、あなたもぜひ自分自身で体験してみてください。

Epilogue

これで、すべては整いました

✦丁寧に生きることが「蟲」を防ぐ

いま時流の動きは激しく、気が滅入《めい》ったり動揺したりすることが増えているように感じています。このような時期は、自己の満足のために他者を傷つけたり悪《あ》しざまな表現をぶつけたりして喜ぶ輩《やから》、つまり「蟲《むし》」が増えます。

彼らは、きちんと生きようとする人を刺しに来ます。

それゆえに、いつもよりなおさら呼吸を深くして、風の動きや気の流れを感じながら「丁寧に行動する生き方」が求められています。

丁寧に生きることで「生きる場」が変わり、生きるステージが変わります。

するとあなたの人生に、これまでとは異なる人物が登場するでしょう。

起こる出来事に一喜一憂しないことも重要です。不測の事態が起きて予定を変更せざるを得なくなったことが、幸運へとつながる場合もたくさんあるからです。

つねに未来を見て「未来基準」で思考し、行動していきましょう。

じれったさを感じながらでも丁寧に進みつづける先に、光速に乗る瞬間がやってきます。未来が迎えに来て、あっという間にワープする瞬間がやってきます。

その瞬間まで、日々どう過ごすか？　**ふと、行動するだけです**。どんなときも楽しむ姿勢を忘れず、軽やかに。この本が、あなたが人生を満喫し、圧倒的な未来を呼び込むきっかけになることを心から祈っています。

最後に、ここまでお読みいただいたあなたに心ばかりではございますが、**モナコで撮影した夕日と朝日の写真をプレゼントさせていただきます**。

本文の通り、朝日にも夕日にも日々を整え、開運させるエネルギーが宿っています。巻末のＱＲコードからダウンロードしてください。

毎日を楽しみながら「整え」の技を使いつづけましょう。

ありがとうございました。

これで、すべては整いました。
あなたの夢の実現へ向けて、
情報空間は24時間動きつづけます。

Azai

◎使用写真クレジット

39ページ　Yaping/Shutterstock.com
45ページ　fotohunter /Shutterstock.com
48ページ　Ryan DeBerardinis/Shutterstock.com
57ページ　Africa Studio/Shutterstock.com
69ページ　sindlera/Shutterstock.com
81ページ　Rick Neves/Shutterstock.com
95ページ　Wassana Panapute/Shutterstock.com
103ページ　Kaspars Grinvalds/Shutterstock.com
116ページ　Piotr Zajda/Shutterstock.com
121ページ　Billion Photos/Shutterstock.com
129ページ　Bachkova Natalia/Shutterstock.com
137ページ　interstid/Shutterstock.com
155ページ　Jacob_09/Shutterstock.com
161ページ　Me dia/Shutterstock.com
165ページ　Denis Belitsky/Shutterstock.com
168ページ　djgis/Shutterstock.com
181ページ　Nitr/Shutterstock.com
187ページ　Maya Kruchankova/Shutterstock.com
197ページ　Marina_D/Shutterstock.com
203ページ　kazoka/Shutterstock.com
210ページ　Lipik Stock Media/Shutterstock.com
219ページ　Leonardo da Vinci - Mona Lisa
227ページ　葉月ゆう（撮影）

本書をお読みくださった
あなたへのプレゼント

著者・エドワード淺井氏撮影

「モナコの朝日」と「モナコの夕日」写真

をダウンロードできます。

詳細は下記よりアクセスしてください。

https://www.sunmark.co.jp/prei.php?csid=2023092100&type=3

エドワード浅井

（えどわーど・あさい）

情報空間デザイン・コンサルタント。
大学を卒業後、広告代理店などにて勤務。退社後、東日本大震災を機に震災孤児のための教育支援基金立ち上げを目標に、資産コンサルタントとして独立。モナコの大富豪、ヨーロッパ王族、政治家、官僚など幅広い人脈をもつ。また、浅井家の先祖は長崎県の島原がルーツのため、1200年前に弘法大師空海が島原に訪れた際の「動乱の時期にこそ富を分かち、世のため人のために働きなさい、さすれば浅井家は未来永劫栄えつづける」との遺訓と、秘術を受け継いでいる。高校の同窓生であり、大人気YouTuberのQさんこと石田久二氏とコラボ動画、セミナーで「この世のシナリオ」の解説や、「整え」の技を披露し大ブレイク。現在、さまざまな人脈からの情報をベースに、陰陽道や日本古来の知恵や秘術を用い、つねに100年先の未来を想定して顧客へのコンサルティングをおこなっている。

圧倒的な未来が迎えにやって来る！空間の整え方
https://ameblo.jp/tetsufelix123/

整え

2023年9月20日　初版印刷
2023年9月30日　初版発行

著　者　　エドワード淺井
発行人　　黒川精一
発行所　　株式会社 サンマーク出版
　　　　　〒169-0074
　　　　　東京都新宿区北新宿2-21-1
　　　　　電話　03-5348-7800
印刷　　　共同印刷株式会社
製本　　　村上製本所

ISBN978-4-7631-4074-6　C0030
ホームページ　https://www.sunmark.co.jp